Jean Webster

Patty auf dem Vassar College

Jean Webster

Patty auf dem Vassar College

ROMAN

VERLAG 28 EICHEN
BARNSTORF

Übersetzt und mit Anmerkungen versehen von
Nadine Erler.

Das Original erschien 1903 unter dem Titel:
Jean Webster (d.i. Alice Jane Chandler Webster)
When Patty Went To College,
by The Century Company, New York.

Die Übersetzung folgt der Ausgabe von
Grosset & Dunlap Publishers, New York, 1930.

Die Deutsche Bibliothek verzeichnet diese Publikation
in der Deutschen Nationalbibliographie.
Detaillierte bibliographische Daten sind im Internet über
http://dnb.ddb.de abrufbar.

ISBN 978-3-96027-129-1

Cover unter Verwendung der der Zeichnung
„The Gibson Girl“ (1900) von Charles Dana Gibson,
Minneapolis College of Art and Design,

Inhalt

1. Peters ist empfänglich

Briefbeschwerer", bemerkte Patty und lutschte an ihrem verletzten Daumen, „sind offenkundig nicht dafür geeignet, Reißzwecken einzuschlagen. Ich brauche einen Hammer!"

Sie bekam keine Antwort und schaute von der Trittleiter zu ihrer Stubenkameradin. Priscilla hockte auf dem Boden und zog Sofakissen und Vorhänge aus einem Karton.

„Priscilla", sagte sie, „du hast gerade nichts Sinnvolles zu tun. Geh nach unten und bitte Peters um einen Hammer!"

Priscilla erhob sich zögernd. „Ich wage zu behaupten, daß schon fünfzig Mädchen nach einem Hammer gefragt haben."

„Oh, er hat seinen privaten Hammer in der Gesäßtasche. Leih dir den. Und Pris", rief Patty ihrer Freundin von der Leiter aus nach, „sag ihm, er soll einen Mann schicken, der die Tür zum Wandschrank aus den Angeln hebt."

Patty setzte sich in der Zwischenzeit auf die oberste Stufe der Trittleiter und begutachtete das Chaos unter ihr. Ein orientalischer Korbsessel, dessen Armlehnen sehr abgenutzt waren, diverse Stühle, zwei Schreibtische, ein Diwan, ein Tisch und zwei Kartons. Der Boden – oder das, was man davon noch sehen konnte – war mit einem grasgrünen Teppich bedeckt. Die Vorhänge und Wandbehänge dagegen waren von einem nicht eben dezenten Karmesinrot.

„Das würde man kaum eine Sinfonie der Farben nennen", bemerkte Patty angesichts der Einrichtung generell.

Es klopfte an der Tür.

„Herein", rief sie.

In der Türöffnung erschien ein Mädchen in einem knöchellangen Matrosenkleid aus blauem Leinen und mit einem Zopf auf dem Rücken.

Patty musterte sie schweigend.

Die Augen des Mädchens wanderten mit einigem Erstaunen im Zimmer herum und erreichten schließlich die Spitze der Leiter. „Ich – ich bin ein Frischling[1]", fing sie an.

„Meine Liebe", murmelte Patty in mißbilligendem Tonfall, „und beinahe hätte ich dich für einen Senior gehalten, aber", sie machte eine Handbewegung in Richtung des nächsten Kartons, „komm herein und setz dich. Ich brauche deinen Rat. Nun, es gibt Schattierungen von Grün", fuhr sie fort, als würde sie ein Gespräch fortsetzen, „die nicht schlecht zu Rot passen, aber ich frage dich frank und frei, ob *dieser* Grünton zu irgend etwas paßt?"

Der Frischling blickte zu Patty dann zum Teppich an und setze ein fragwürdiges Lächeln auf. „Nein", gab sie zu, „das glaube ich nicht."

„Ich wußte, daß du das sagen würdest!" rief Patty. Es klang erleichtert. „Nun, was sollten wir deiner Meinung nach mit dem Teppich machen?"

Der Frischling blickte verblüfft drein. „Ich – ich weiß nicht – ausgenommen, ihr nehmt ihn hoch", stotterte sie.

---

1 Frischling: im Original Freshman: übliche aber doch leicht abwertende Bezeichnung für einen Neuling in seinem ersten Jahr auf einem College.

„Genau das!“ sagte Patty. „Ich frage mich, warum uns das nicht früher eingefallen ist?“

In diesem Moment erschien Priscilla wieder und verkündete: „Peters ist der mißtrauischste Mann, dem ich je begegnet bin!“ Aber unsicher unterbrach sie sich, als sie den Frischling sah.

„Priscilla“, sagte Patty streng, „ich *hoffe*, du hast ihm nicht ausgeplaudert, daß wir die Wände mit Gobelins behängen – “ Dabei machte sie eine Handbewegung in Richtung der bedruckten Leinwand, die an der Zierleiste baumelte.

„Ich habe es versucht,“, sagte Priscilla schuldbewußt, „aber er hat *Gobelin* in meinen Augen gelesen. Er hatte mich kaum gesehen, da sagte er schon: ‚Sehen Sie, Miss, es verstößt gegen die Regeln, Vorhänge an die Wände zu hängen, und Sie dürfen keine Nägel in den Putz einschlagen, und ich glaube, Sie brauchen überhaupt keinen Hammer.‘“

„Degoutantes Geschöpf!“ sagte Patty.

„Aber“, fuhr Priscilla hastig fort, „auf dem Rückweg war ich bei Georgie Merriles und habe mir ihren Hammer geliehen. Oh, das habe ich ganz vergessen“, fügte sie hinzu, „er sagt, daß wir die Tür zum Wandschrank nicht aushängen dürfen. Sobald wir das machen, werden fünfhundert andere junge Damen dasselbe wollen, und ein halbes Dutzend Männer hätte den ganzen Sommer damit zu tun, sie wieder an ihren Platz zu hängen.“

Pattys Stirn umwölkte sich unheilverkündend, und der Frischling, der eine häusliche Tragödie abwenden wollte, fragte schüchtern: „Wer ist Peters?“

„Peters“, sagte Priscilla, „ist ein kleiner, krummbeiniger Gentleman mit rotem Van-Dyke-Bart, dessen offizieller Titel Pedell lautet, der aber in Wirklichkeit ein Diktator ist. Alle haben Angst vor ihm – sogar Prexy.“

„Das habe ich nicht“, sagte Patty, „und“, fügte sie energisch hinzu, „diese Tür kommt weg, ob es ihm paßt oder nicht! Ich vermute, wir müssen es wohl selber tun.“ Ihr Blick fiel auf den Teppich, und ihr Gesicht hellte sich auf. „Oh, Pris, wir haben einen wunderbaren neuen Plan. Meine Freundin hier sagt, sie möge den Teppich überhaupt nicht, und schlägt vor, daß wir ihn aufnehmen, schwarze Farbe besorgen und den Fußboden damit streichen. Ich meine auch“, fügte sie hinzu, „daß ein mit Teppichen belegter flämischer Eichenfußboden eine große Verbesserung wäre.“

Priscilla blickte unsicher vom Frischling zum Boden. „Glaubst du, daß man uns das erlaubt?“

„Ich würde sie nicht fragen“, sagte Patty.

Der Frischling erhob sich unsicher. „Ich bin gekommen“, sagte sie zögernd, „um herauszufinden – das heißt, ich habe gehört, daß die Mädchen ihre alten Bücher verleihen, und ich dachte, wenn ihr nichts dagegen habt –“

„Dagegen haben?“ sagte Patty beschwichtigend. „Für fünfzig Cent im Semester würden wir unsere Seelen verleihen.“

„Ich – ich brauche ein Latein-Wörterbuch“, sagte die Neue, „und die Mädchen nebenan haben gesagt, daß ihr vielleicht eins habt.“

„Ich habe ein wunderschönes“, sagte Patty.

„Nein“, unterbrach Priscilla, „bei Pattys fehlen die Seiten von O bis R und es ist völlig zerfleddert, aber meins –“ Sie griff in einen der Kartons und holte ein dickes Buch ohne Einband heraus. „Obwohl es ist nicht mehr so schön ist, wie es einmal war, ist es immer noch genauso nützlich.“

„Meins ist mit Anmerkungen versehen“, sagte Patty, „und illustriert! Ich werde dir zeigen, was für ein prächtiges Buch es ist!“ Sie begann die Leiter hinunter zu steigen, aber Priscilla machte Miene, sich auf sie zu stürzen, und sie flüchtete sich wieder nach oben. „Warum“, jammerte sie, an den erschrockenen Frischling gewandt, „hast du nicht gesagt, daß du ein Wörterbuch brauchst, bevor sie zurückgekommen ist? Laß mich dir zu Beginn deiner College-Laufbahn einen Rat geben“, fügte sie warnend hinzu. „Such dir nie eine Stubenkameradin, die größer ist als du. Die sind gefährlich.“

Der Frischling wollte sich jäh zur Tür hin zurückziehen, als diese sich öffnete und ein gut aussehendes Mädchen mit lockigem rötlichen Haar präsentierte. „Pris, du Schuft, du bist mit meinem Hammer verschwunden!“

„Oh, Georgie, wir brauchen ihn dringender als du! Komm rein und hilf uns!“

„Hallo, Georgie“, rief Patty von der Leiter herab. „Meinst du nicht, daß das Zimmer wunderschön sein wird, wenn es erst fertig ist?“

Georgie sah sich um. „Du bist zuversichtlicher als ich“, lachte sie.

„Das läßt sich noch nicht sagen“, antwortete Patty. „Wir wollen die Tapete mit diesem roten Stoff abdecken und den Boden schwarz streichen – und dunkle Möbel anschaffen und rote Vorhänge und Lampen, die gedämpftes Licht verbreiten. Es wird genauso aussehen wie das Orientalische Zimmer im Waldorf!“

„Wie in aller Welt“, fragte Georgie, „bringt ihr sie immer dazu, euch das alles zu erlauben? Ich habe heute drei unschuldige kleine Reißnägel in die Wand gesteckt und Peters stürzte sich grimmig auf mich und sagte, er würde mich melden, wenn ich sie nicht wieder herauszöge.“

„Wir fragen nie um Erlaubnis“, erklärte Patty. „Das ist die einzige Möglichkeit.“

„Ihr habt jede Menge zu tun, wenn ihr bis Montag mit der Einrichtung fertig sein wollt“, bemerkte Georgie.

„C'est vrai", stimmte Patty zu und stieg mit plötzlicher Tatkraft die Leiter hinunter, „und du mußt bleiben und uns helfen. Wir müssen all diese Möbel in die Schlafzimmer schaffen und den Teppich heraus nehmen, bevor wir anfangen zu streichen." Sie warf dem Frischling einen vorsichtigen Blick zu. „Bist du gerade furchtbar beschäftigt?"

„Nicht sehr. Meine Stubenkameradin ist noch nicht gekommen, deshalb kann ich mich noch nicht einrichten."

„Das ist schön, dann kannst du uns beim Möbelrücken helfen."

„Patty!" sagte Priscilla. „Du bist zu garstig!"

„Ich würde wirklich gern bleiben und helfen, wenn es euch recht ist."

„Sicher", sagte Patty entgegenkommend. „Ich habe vergessen, nach deinem Namen zu fragen", fuhr sie fort, „und ich nehme nicht an, daß du *Frischling* genannt werden willst. Es ist nicht treffend genug."

„Ich heiße Genevieve Ainslee Randolph."

„Genevieve Ains– du meine Güte! Das kann ich mir niemals merken. Stört es dich, wenn ich dich kurz Lady Clara Vere de Vere nenne?"

Der Frischling sah skeptisch aus, und Patty fuhr fort: „Lady Clara, darf ich meine Stubenkameradin Miss Priscilla Pond vorstellen – sie hat nichts mit dem Extrakt zu tun. Sie ist sportlich und gewinnt Hundertyardsprints und Hürdenläufe, und ihr Name steht erfreulich oft in der Zeitung. Und das ist meine liebe Freundin Miss Georgie Merriles. Sie stammt aus einer der ältesten Familien in Dakota. Miss Merriles ist sehr begabt – sie singt im Chor, bläst auf dem Kamm –"

„Und", unterbrach Georgie, „laß mich Miss Patty Wyatt vorstellen, die –"

„– keine Besonderheiten hat", sagte Patty bescheiden, „und nur gut und schön und gescheit ist."

Jemand klopfte an die Tür und kam herein, ohne die Antwort abzuwarten.

„Miss Theodora Bartlet“, fuhr Patty fort, „allgemein bekannt als ‚der Zwilling‘, Miss Vere de Vere.“

Der Zwilling sah verwirrt aus, murmelte „Miss Vere de Vere“ und ließ sich auf einem der Kartons nieder.

„Die Bezeichnung ‚Zwilling‘“, erklärte Patty, „wird nur im übertragenen Sinn gebraucht. Es gibt sie in Wirklichkeit nur einmal. Den Titel hat sie in ihrem Frischlingsjahr bekommen, und der Grund ist im Nebel der Vergangenheit verschollen.“

Der Frischling sah den Zwilling an und öffnete den Mund, schloss ihn aber wieder, ohne etwas gesagt zu haben.

„Mein Leitsatz war immer“, sagte Patty, „‚Schweigen ist Gold.‘ Ich bemerke, daß wir verwandte Seelen sind.“

„Patty“, sagte Priscilla, „hör auf, das arme Kind zu ärgern, und geh an die Arbeit.“

„Ärgern?“ sagte Patty. „Ich ärgere sie nicht, wir machen uns nur miteinander bekannt. Aber ich meine, daß jetzt nicht die Zeit für hohle Phrasen ist. Willst du dir etwas leihen?“ fügte sie hinzu und wandte sich an den Zwilling, „oder schaust du nur vorbei, um uns einen Höflichkeitsbesuch abzustatten?“

„Nur ein Höflichkeitsbesuch, aber ich glaube, ich komme wieder, wenn kein Möbelrücken auf dem Programm steht.“

„Du gehst nicht zufällig heute nachmittag in die Stadt?“

„Doch“, sagte der Zwilling. „Aber“, fügte sie wohlweislich hinzu, „wenn es eine Gardinenstange sein soll, sage ich entschieden nein. Gestern abend habe ich Lucille Carter eine mitgebracht, weil sie es so eilig hatte, die Einweihung zu feiern. Als ich in die Straßenbahn gestiegen bin, habe ich den Schaffner damit aufgespießt, und während ich noch Entschuldigungen stammelte, habe ich mit dem anderen Ende Mrs. Prexy den Hut vom Kopf gerissen."

„Wir haben alle Gardinenstangen, die wir brauchen", sagte Patty. „Es geht nur um etwas Farbe – fünf Büchsen schwarze Farbe und drei Pinsel aus dem Zehn-Cent-Laden – vielen Dank und bis bald! Nun", fuhr sie fort, „als erstes müssen wir die Tür herunterbekommen und ich werde dem widerwilligen Peters einen Schraubenzieher entreißen, während ihr Heftzwecken aus dem Teppich zieht."

„Er wird dir keinen geben", sagte Priscilla.

„Du wirst schon sehen!" Patty.

Fünf Minuten später kam sie zurück und schwenkte unverkennbar einen Schraubenzieher. „*Voilà, mes amies!* Peters' eigener privater Schraubenzieher, für den ich persönlich verantwortlich bin."

„Wie hast du ihn bekommen?" fragte Priscilla argwöhnisch.

„Du hörst dich an", sagte Patty, „als glaubtest du, ich hätte Peters in einer dunklen Ecke niedergeschlagen und ausgeraubt. Ich habe ihn nur höflich um den Schraubenzieher gebeten, und er hat gefragt, was ich damit vorhabe. Ich sagte, ich wollte damit Schrauben herausdrehen, und der Grund hat ihn so beeindruckt, daß er ihn mir wortlos überreicht hat. Peters", fügte sie hinzu, „ist ein lieber Kerl, er ist nur wie alle Männer – man muß diplomatisch sein."

Um zehn Uhr abends war der Teppich von Zimmer 399 sorgfältig zusammengerollt und am Ende des oberen Korridors abgelegt worden. Seine Herkunft würde schwer zu ermitteln sein. In der ganzen Umgebung hing der Geruch von Terpentin in der Luft und der Boden von Zimmer 399 glänzte schwarz, bis auf vier oder fünf unbemalte Stellen, die Patty „Trittsteine" nannte und um die man sich später kümmern wollte. Allen

Besucherinnen, die im Laufe des Nachmittags vorbeigekommen waren, hatte sie einen Pinsel in die Hand gedrückt und befohlen, niederzuknien und zu streichen. Außer dem Boden waren drei Bücherschränke und ein Stuhl von Mahagoni in flämische Eiche umgewandelt worden – und es war immer noch eine halbe Büchse Farbe übrig, die Patty gern loswerden wollte.

Am nächsten Morgen wurde die Trittleiter wieder aufgestellt und sie widmeten sich begeistert dem Aufhängen der Tapisserien, als plötzlich ein Klopfen die Arbeit unterbrach.

Patty, die keine Ahnung hatte, daß Unheil drohte, rief vergnügt: „Herein!"

Die Tür ging auf und Peters' Gestalt erschien auf der Schwelle. Priscilla floh Hals über Kopf und ließ ihre Stubenkameradin auf der Leiter zurück.

„Sind Sie die junge Dame, die meinen Schraub– " Peters brach ab und schaute zu Boden, und ihm fiel die Kinnlade herunter. „Wo ist der Teppich?" fragte er und schien zu glauben, der Teppich befinde sich unter der Farbe.

„Draußen in der Halle", sagte Patty freundlich. „Seien Sie bitte vorsichtig und treten Sie nicht auf die frische Farbe. Das ist eine große Verbesserung, finden Sie nicht?"

„Sie hätten um Erlaubnis fragen müssen", fing er an, aber dann fiel sein Blick auf den Wandbehang und er hielt wieder inne.

„Ja", sagte Patty, „aber wir wußten, daß Sie keinen Mann entbehren konnten, nur damit er für uns streicht, deshalb wollten wir Sie nicht bemühen."

„Es ist gegen die Regeln, Vorhänge an die Wände zu hängen."

„Davon habe ich gehört", sagte Patty liebenswürdig, „und ich denke, daß es eigentlich eine gute Regel ist. Aber sehen Sie sich nur an, was die Tapete für eine

Farbe hat – erbsengrün! Sie haben genug Erfahrung mit Tapeten, Mr. Peters, um zu wissen, daß das unmöglich ist, vor allem, wenn unsere Fenster-Vorhänge und Portieren rot sind.“

Peters’ Blick wanderte zu dem Wandschrank, der seiner Tür beraubt war. „Sind Sie die junge Dame“, fragte er mürrisch, „die mich gebeten hat, diese Tür auszuhängen?“

„Nein“, sagte Patty, „das muß meine Stubenkameradin gewesen sein. Die Tür war sehr schwer“, fuhr sie in klagendem Ton fort, „und wir hatten schreckliche Mühe, sie aus den Angeln zu heben, aber wir wußten natürlich, daß Sie furchtbar viel zu tun haben und es wirklich nicht Ihre Schuld war. Dafür brauchte ich den Schraubenzieher“, fügte sie hinzu. „Es tut mir leid, daß ich ihn nicht gestern Abend zurückgebracht habe, aber ich war sehr müde und habe es vergessen.“

Peters grunzte nur. Er untersuchte eine Eckvitrine, die an der Wand hing. „Wußten Sie nicht“, fragte er streng, „daß es verboten ist, Nägel in die Wände zu schlagen?“

„Das sind keine Nägel“, behauptete Patty. „Es sind Haken. Ich wußte, daß Sie keine Löcher mögen, also habe ich nur zwei genommen, obwohl ich fürchte, daß drei nötig sind. Was meinen Sie, Mr. Peters? Hält das?“

Peters rüttelte an dem Schrank. „Es hält schon“, sagte er mißmutig. Als er sich umwandte, fiel sein Blick auf den Tisch in Priscillas Zimmer. „Ist das da drinnen ein Gasherd?“ fragte er.

Patty zuckte die Achseln. „Ein trauriger Abklatsch von einem Gasherd – Vorsicht, Mr. Peters! Stoßen Sie nicht an das Bücherregal. Es ist frisch gestrichen.“

Peters machte einen Satz zur Seite und stand da wie der Koloß von Rhodos, jeweils einen Fuß auf einem Trittstein. Nicht einmal ein Pedell kann in so einer Haltung würdevoll aussehen, und während er seine Eindrücke verarbeitete, sah sich Patty sehnsüchtig nach jemandem um, der den Anblick mit ihr genießen konnte. Sie hatte jedoch das Gefühl, daß die Stille unbehaglich wurde, und beeilte sich, sie zu unterbrechen.

„Mit dem Ofen stimmt etwas nicht, er brennt kein bißchen. Ich fürchte, wir haben ihn nicht richtig zusammengebaut. Es würde mich nicht wundern, wenn Sie uns sagen könnten, was das Problem ist,

Mr. Peters." Sie lächelte liebenswürdig. „Männer wissen so viel! Würden Sie es sich bitte einmal ansehen?"

Peters grunzte wieder, aber er näherte sich dem Ofen.

Fünf Minuten später steckte Priscilla den Kopf ins Zimmer, um herauszufinden, ob vielleicht noch etwas von Patty übrig war. Sie sah Peters, der am Boden kniete. Die Einzelteile des zerlegten Ofens lagen um ihn verstreut und sie hörte ihn sagen: „Ich glaube, es gibt keinen Grund, Sie zu melden, denn da sie nun einmal hängen, nehme ich an, daß sie ebensogut hängen bleiben können", und Pattys Antwort: „Sie sind sehr freundlich, Mr. Peters. Natürlich, wenn wir gewußt hätten –"

Priscilla machte die Tür leise zu und verschwand um die Ecke, um Peters' Rückzug abzuwarten. Sie platzte herein, sobald sie gehört hatte, daß seine Schritte auf dem Flur verklungen waren. „Wie in aller Welt hast du das gemacht?" fragte sie. „Ich dachte, ich müßte eine Totenklage beim Anblick deiner sterblichen Überreste anstimmen! Statt dessen sehe ich Peters auf den Knien liegen, und ihr führt eine nette Unterhaltung!"

Patty lächelte unergründlich. „Du darfst nicht vergessen", sagte sie, „daß Peters nicht nur Pedell ist. Er ist auch ein Mann."

2. Eine schreckliche Erfahrung

Ich mache heute den Tee", sagte Patty liebenswürdig.

„Wie du möchtest", sagte Priscilla mit einem ungläubigen Achselzucken.

Patty hantierte mit klapperndem Porzellan. „Die Tassen sind ziemlich staubig", bemerkte sie zweifelnd.

„Wasch sie am besten ab", antwortete Priscilla.

„Nein", sagte Patty, „das ist ein zu großer Aufwand. Schließ bitte einfach die Jalousien, und wir zünden die Kerzen an, das reicht. Herein!" rief sie, weil es geklopft hatte.

Georgie Merriles, Lucille Carter und der Bartlet-Zwilling erschienen im Türrahmen.

„Habe ich gehört, daß die beiden P's heute nachmittag Tee servieren?" fragte der Zwilling.

„Ja, kommt rein. Ich mache ihn selbst", antwortete Patty, „und ihr werdet sehen, daß ich eine viel aufmerksamere Gastgeberin bin als Priscilla. Hier, Zwilling", fügte sie hinzu, „du holst den Kessel heraus und füllst ihn mit Wasser, und Lucille, geh du bitte und leih dir etwas Alkohol von den Frischlingen am Ende des Flurs, unsere Flasche ist leer. Ich würde selber hingehen, aber ich habe mir in letzter Zeit soviel geliehen, und dich kennen sie nicht. Und – oh, Georgie, sei ein Schatz und lauf zum Laden und kaufe etwas Zucker. Ich glaube, ich habe etwas Geld in dem silbernen Tintenfaß auf Priscillas Tisch gesehen."

„Wir haben doch noch Zucker“, protestierte Priscilla. „Ich habe gestern ein ganzes Pfund gekauft.“

„Nein, mein Lämmchen, den haben wir nicht mehr – ich habe ihn gestern abend Bonnie Connaught geliehen. Such nach den Löffeln“, fügte sie hinzu. „Ich glaube, ich habe sie im untersten Regal des Bücherschranks gesehen, hinter Kipling.“

„Und was, wenn ich fragen darf, wirst du tun?“ erkundigte sich Priscilla.

„Ich?“ sagte Patty. „Oh, ich werde im Armsessel sitzen und präsidieren.“

Zehn Minuten später, als die Teegesellschaft sich auf Kissen niedergelassen hatte und die Party in vollem Gang war, stellte sich heraus, daß sie keine Zitronen hatten.

„Bist du sicher?“ fragte Patty besorgt.

„Keine einzige“, sagte Priscilla und schaute in den Krug, in dem sie die Zitronen aufbewahrten.

„Ich“, sagte Georgie, „weigere mich, noch einmal in den Laden zu gehen!“

„Macht nichts“, sagte Patty gnädig, „wir kommen ohne Zitronen aus.“ (Sie trank ihren Tee immer ohne Zitrone.) „Beim Teetrinken geht es nicht um den Tee, sondern um die Konversation, die dabei stattfindet, und die darf nicht durch Pannen gestört werden. Sehen Sie, meine jungen Damen“, fuhr sie fort und klang wie ein Professor, der eine Vorlesung hält, „ich habe gerade den Alkohol über dem Zucker verschüttet, tue aber so, als hätte ich es nicht gemerkt, sondern halte eine leichte Unterhaltung in Gang, um meine Gäste zu zerstreuen. Ein gelassenes Auftreten ist unerläßlich.“ Patty lehnte sich matt in ihrem Stuhl zurück. „Morgen ist *Founder's Day*[2]“, sagte sie im Plauderton. „Ich frage mich, ob viele –“

2 Founder's Day: Ehrentag für Matthew Vassar, den Gründer des Colleges.

„Da fällt mir ein“, unterbrach der Zwilling. „Ihr braucht keine Tänze für meinen Bruder aufzusparen. Ich habe heute morgen einen Brief von ihm bekommen – er kann nicht kommen.“

„Er hat sich doch nichts gebrochen, oder?“ fragte Patty mitfühlend.

„Sich etwas gebrochen?“

„Ja, den Arm oder das Bein oder den Hals. Zur *Founder's Day*-Zeit passieren immer so viele Unfälle.“

„Nein, er mußte wegen einer wichtigen Angelegenheit die Stadt verlassen.“

„Wichtige Angelegenheit!“ Patty lachte. „Himmel! Warum konnte er sich nicht etwas Neues einfallen lassen?“

„Ich glaube selbst, daß es nur eine Ausrede ist“, gab der Zwilling zu. „Er schien zu befürchten, daß er der einzige Mann dort sein würde und deshalb – allein und ohne Unterstützung – mit allen sechshundert Mädchen würde tanzen müssen.“

Patty schüttelte bekümmert den Kopf. „Sie sind alle gleich. *Founder's* wäre nicht *Founder's,* wenn nicht die Hälfte der Gäste in letzter Minute ernste Krankheiten bekommen würde – oder wichtige Angelegenheiten oder verstorbene Verwandte dazwischen kämen. Der einzig sichere Kurs ist, drei Männer einzuladen und nur eine Tanzkarte zu haben.“

„Ich kann nicht fassen, daß morgen schon *Founder's Day* ist“, sagte Priscilla. „Es scheint noch keine Woche her zu sein, daß wir nach den Ferien unsere Koffer ausgepackt haben, und ehe wir uns versehen, packen wir sie wieder für die Weihnachtsferien.“

„Ja, und ehe wir uns versehen, packen wir sie wieder aus, und es sind nur noch drei Wochen bis zu den Prüfungen“, sagte Georgie, die Pessimistin.

„Oh, was das betrifft“, erwiderte Patty, die Optimistin, „ehe wir uns versehen, steigen wir auf die Bühne und bekommen unsere Diplome – und kommen auf der anderen Seite herunter als strahlende Absolventinnen."

„Und dann", seufzte Georgie, „bevor wir uns für einen Beruf entschieden haben, sind wir alte Damen und ermahnen unsere Enkelkinder, gerade zu stehen und an ihre Hausaufgaben zu denken."

„Und", sagte Priscilla, „wir liegen im Grab, bevor eine von uns Tee bekommt, wenn ihr nicht aufhört zu reden und statt dessen auf den Kessel achtet."

„Er kocht", sagte Patty.

„Ja", sagte Priscilla, „er kocht schon seit zehn Minuten."

„Er ist heiß", sagte Patty.

„Das nehme ich an", sagte Priscilla.

„Und nun ist das Problem – wie bekommen wir ihn herunter, ohne uns die Finger zu verbrennen?"

„Du hast heute den Vorsitz – du mußt das Problem lösen."

„Das ist ganz einfach!" Und Patty hob ihn mit dem Ende eines Golfschlägers hoch. „Junge Damen", sagte sie und schwenkte den Kessel, „College-Bildung lehrt den Weg aus jeder Klemme. Wenn Sie draußen in der weiten, weiten Welt sind –"

„Where, oh, where are the grave old seniors?"

sang der Zwilling.

„Where, oh, where are they?"

Die anderen stimmten ein, und Patty wartete geduldig.

They've gone out of Cairnsley's ethics,
They've gone out of Cairnsley's ethics,
They've gone out of Cairnsley's ethics,
Into the wide, wide w-o-r-l-d.

„Wenn Sie mit Ihrer Hymne fertig sind, junge Damen, will ich meine Vorlesung fortsetzen. Wenn Sie, wie Sie sagen, draußen in der weiten, weiten Welt sind und eines Nachmittags den Fünf-Uhr-Tee für die jungen Männer machen, die wahrscheinlich auf einen Besuch vorbeigekommen sind – können Sie mir folgen, meine Damen, oder rede ich zu schnell? Wenn Sie in ein Gespräch vertieft sind und der Kessel zu heiß wird, stecken Sie nicht den Finger in den Mund und kreischen Sie nicht ‚Autsch!' – und sagen Sie nicht kokett zu dem jungen Mann ‚Nehmen Sie ihn bitte', wie es vielleicht eine junge Frau tun würde, die nicht Ihre Bildung genossen hat. Stellen Sie sich der Notlage. Sagen Sie ihm ganz ruhig: ‚Der Kessel ist überhitzt, darf ich Sie bitten, in die Halle zu gehen und mir einen Regenschirm zu bringen?', und wenn er zurückkommt, können Sie den Kessel so elegant und zügig emporheben, wie Sie es mich haben tun sehen, junge Damen, und die jungen Herren –"

„Patty, sei vorsichtig!" Das kam von Priscilla.

„Au-u-tsch!" Ein langer Jammerton. Der kam von Georgie.

Patty setzte den Kessel hastig auf den Boden. „Es tut mir furchtbar leid, Georgie. Tut es weh?"

„Kein bißchen. Es ist ein wirklich angenehmes Gefühl, mit heißem Wasser überschüttet zu werden."

Der Bartlet-Zwilling schnupperte. „Ich rieche verbrannten Teppich."

Patty stöhnte. „Ich gebe es auf, Pris, ich gebe es auf. Übernimm du den Vorsitz. Ich will ihn nie wieder führen."

„Ich würde gern einmal sehen", bemerkte der Zwilling, „wie Patty einen jungen Mann bewirtet."

„Das wäre nichts völlig Neues", sagte Patty mit einiger Herzlichkeit. „Du kannst es morgen abend erleben, wenn es dir solche Freude macht."

„Morgen Abend? Willst du dir einen Tanzpartner für den Abschlußball angeln?“

„Das“, sagte Patty, „ist meine Absicht.“

„Und du hast mir keinen Tanz mit ihm angeboten!“ rief das ganze Zimmer im Chor.

„Ich habe es niemandem angeboten“, sagte Patty mit Würde.

„Meinst du damit, daß du alle zwanzig Tänze selbst mit ihm tanzen willst?“

„O nein, ich erwarte nicht, mehr als zehnmal mit ihm zu tanzen – ich habe seine Tanzkarte noch nicht geschrieben“, fügte sie hinzu.

„Warum nicht?“

„Das tue ich nie.“

„War er denn schon einmal hier?“

„Nein, das ist der Grund.“

„Der Grund wofür?“

„Nun“, geruhte Patty zu erklären, „ich habe ihn seit dem Frischlingsjahr zu jedem Fest eingeladen.“

„Und er hat abgelehnt?“

„Nein, er hat angenommen, aber er ist nie gekommen.“

„Warum nicht?“

„Er hatte Angst.“

„Angst? Vor den Mädchen?“

„Ja“, sagte Patty, „zum Teil – aber am meisten vor der Fakultät.“

„Die hätte ihm doch nichts getan!“

„Natürlich nicht, aber das hat er nicht begriffen. Wißt ihr, er hatte in seiner Jugend eine schreckliche Erfahrung.“

„Eine schreckliche Erfahrung? Was ist passiert?“

„Nun“, sagte Patty, „es war so: Ich war damals im Internat. Er war in Andover im Süden zu Hause, und einmal unterbrach er seine Reise in Washington, um mich zu besuchen. Unglücklicherweise hatte sich der Diener zwei Tage zuvor aus dem Staub gemacht – mit allen Messern und Gabeln, allem Geld, das er finden konnte, mit Nancy Lees goldener Uhr und zwei Hutnadeln, meiner silbernen Haarbürste, einer Flasche Branntwein und einer Pastete“, zählte sie mit Liebe zum Detail auf, „und Mrs. Trent – das war die Direktorin – hatte eine Anzeige aufgegeben, weil sie einen neuen Diener suchte.“

„Die Erfahrung mit dem alten Diener hätte sie davon abschrecken sollen, weiterhin Diener zu beschäftigen“, sagte Georgie.

„Das denkst du“, sagte Patty, „aber sie war keine Frau, die leicht aufgibt. An dem Tag, als Raoul – so heißt er – zu Besuch kam, hatten sich neunzehn Personen um die Stelle beworben, und Mrs. Trent war sehr müde von all den Vorstellungsgesprächen. Also befahl sie Miss Sarah – ihrer Tochter – diejenigen zu empfangen, die abends kamen. Miss Sarah war groß und trug eine Brille und – und –“

„– war sehr streng“, schlug der Zwilling vor.

„Ja“, sagte Patty, „sie . Nun, als Raoul ankam, gab er Ellen seine Karte und fragte nach mir, aber Ellen verstand es nicht und rief Miss Sarah, und als Miss Sarah ihn in seiner Abendgarderobe sah –“

„– hielt sie ihn für einen Diener“, vollendete Georgie.

„Ja, sie hielt ihn für einen Diener und warf einen Blick auf die Karte, die er Ellen gegeben hatte. Dann fragte sie eisig: ‚Was soll das heißen?‘

‚Das – das ist mein Name‘, stammelte er.

‚Ja‘, sagte Miss Sarah, ‚aber wo ist Ihr Empfehlungsschreiben?‘

‚Ich wußte nicht, daß das nötig ist‘, sagte er und hatte schreckliche Angst.

‚Natürlich ist das nötig!‘ antwortete Miss Sarah. ‚Ich kann Sie nicht ins Haus lassen, bevor ich Briefe von den Orten habe, an denen Sie bisher waren.‘

‚Ich dachte nicht, daß Sie so streng sein würden', sagte er.

‚Wir müssen streng sein', antwortete Miss Sarah entschieden. ‚Haben Sie viel Erfahrung?'

Er wußte nicht, was sie meinte, aber es schien ihm am sichersten zu sagen, daß er keine hatte.

‚Dann kommen Sie natürlich nicht in Frage', sagte sie. ‚Wie alt sind Sie?'

Er war mittlerweile so aus der Fassung, daß er sich nicht erinnern konnte. ‚Neunzehn', japste er, ‚ich meine – zwanzig.'

Miss Sarah sah, wie durcheinander er war, und dachte, er habe Absichten bezüglich einiger Erbtöchter unter ihren Schützlingen. ‚Ich weiß nicht, wie Sie es wagen konnten, herzukommen', sagte sie streng. ‚Ich würde keinen Moment in Erwägung ziehen, Sie ins Haus zu lassen. Sie sind viel zu jung und gutaussehend.'

Und danach stand Raoul auf und eilte davon.

Am nächsten Tag erzählte Ellen Miss Sarah, daß er meinetwegen gekommen war. Sie war bestürzt und sagte mir, ich solle ihm schreiben, alles erklären und ihn zum Essen einladen, aber ihn hätten keine zehn Pferde wieder in das Haus gebracht. Seitdem macht er nie mehr Zwischenstops in Washington. Er fährt jedes Mal ohne Aufenthalt in einem Schlafwagen und sagt, er habe sogar dann noch Alpträume."

„Und darum will er nicht kommen?"

„Ja", sagte Patty, „darum. Ich habe ihm gesagt, daß wir hier keine Diener haben, aber er sagte, wir hätten weibliche Lehrkräfte, und das sei genauso schlimm."

„Aber hast du nicht gesagt, daß er zum Abschlußball kommt?"

„Ja, diesmal kommt er."

„Bist du sicher?"

„Ja“, sagte Patty unheilverkündend, „ich bin sicher. Er weiß“, fügte sie hinzu, „was passiert, wenn er nicht kommt.“

„Was passiert denn dann?“ fragte der Zwilling.

„Nichts.“

Der Zwilling schüttelte den Kopf, und Georgie fragte: „Warum kümmerst du dich dann nicht um seine Tanzkarte?“

„Eigentlich könnte ich es tun. Ich habe es bis jetzt nicht gemacht, es kam mir vor, als würde ich damit das Schicksal herausfordern. Ich möchte nicht schuld sein, daß ihm etwas Ernstes zustößt“, erklärte sie etwas zweideutig und nahm sich Papier und Stift. „Welche Tänze kannst du an mich abtreten, Lucille? Und du, Georgie, hast du schon den dritten beansprucht?“

Während sie diese Sache erledigten, ertönte ein Klopfen an der Tür. Es blieb unbeachtet und ertönte wieder.

„Was war das?“ fragte Priscilla. „Hat jemand geklopft? Herein!“

Die Tür ging auf, und auf der Schwelle erschien ein Dienstmädchen mit einem gelben Umschlag in der Hand. Sie blinzelte unsicher in dem verdunkelten Zimmer von einem Gesicht zum anderen. „Miss Patty Wyatt?“ fragte sie.

Patty nahm den Umschlag schweigend entgegen, legte ihn auf ihren Schreibtisch und sah ihn mit einem grimmigen Lächeln an.

„Was ist, Patty? Willst du den Brief nicht lesen?“

„Das ist nicht nötig. Ich weiß schon, was drinsteht.“

„Dann lese ich ihn“, sagte Priscilla und riß den Umschlag auf.

„Ist es ein Arm oder ein Bein?“ fragte Patty ohne allzu großes Interesse.

„Ein Bein“, sagte Priscilla, „genauer gesagt, ein Schlüsselbein.“

„Oh“, murmelte Patty.

„Was schreibt er?“ fragte Georgie neugierig. „Lies vor!“

New Haven, 29. November.

Beim Football Schlüsselbein gebrochen. Ganz ehrlich! Tut mir furchtbar leid. Vielleicht klappt’s ja beim nächsten Mal.

Raoul.

„Es wird“, bemerkte Patty, „kein nächstes Mal geben.“

3. Der beeindruckbare Mr. Todhunter

Wurde die Post schon verteilt?" rief Priscilla einem Mädchen am anderen Ende des Korridors zu.

„Ich glaube nicht. Bei uns war sie noch nicht."

„Da kommt sie!" Und Priscilla schoß auf das Mädchen zu, das die Post verteilte. „Haben Sie etwas für Zimmer 399?"

„Möchten Sie auch die Post für Miss Wyatt mitnehmen?"

„Ja, ich nehme alles. Was für eine Menge! Ist das alles für uns?" Und Priscilla ging den Korridor hinunter, ließ ihr Notizbuch an seinem Schnürsenkel baumeln und öffnete im Gehen die Umschläge. Georgie Merriles gesellte sich zu ihr und ließ ihr Notizbuch ebenso an einem Schnürsenkel baumeln.

„Hallo, Pris, gehst du gerade zur Englisch-Vorlesung? Soll ich dir helfen, deine Post zu tragen?"

„Danke", sagte Priscilla, „du kannst das meiste davon behalten. So, das hier", fügte sie hinzu und hielt einen blauen Umschlag hoch, „ist Werbung für eine Cold Cream, die keine Dame entbehren kann, und das hier", sie hielt einen gelben Umschlag hoch, „ist Werbung für Fleischextrakt, den jeder geistig Tätige braucht, und das hier", sie hielt einen weißen Umschlag hoch, „ist der schlimmste von allen, denn es sieht aus wie ein echter Brief und ist doch nur ein ‚Dear

Madam'-Schreiben, in dem mir mitgeteilt wird, daß mein Schneider von der Zweiundzwanzigsten Straße in die Dreiundvierzigste Straße umgezogen ist und hofft, daß ich ihn weiter beehren werde. Und hier", fuhr sie fort und wandte sich der Post für ihre Stubenkameradin zu, „ist ein Cold-Cream- und ein Fleischextrakt-Brief für Patty und einer aus Yale – wahrscheinlich eine Erklärung von Raoul, warum er nicht zum Abschlußball kommen konnte. Es wird aber nichts nützen. Kein Sterblicher kann sie davon überzeugen, daß er sich das Schlüsselbein nicht mit Absicht gebrochen hat. Und ich weiß nicht, von wem das hier ist", fuhr Priscilla fort und untersuchte den letzten Brief. „Hier steht ‚Hotel A.', New York.' Davon habe ich noch nie gehört – du vielleicht? Die Handschrift habe ich auch noch nie gesehen."

Georgie lachte. „Führst du ein Register über die Leute, die an Patty schreiben?"

„Oh, ich kenne mittlerweile die meisten. Sie liest normalerweise die interessanten Briefe laut vor, und die uninteressanten beantwortet sie nie, also hören die Schreiber auf zu schreiben. Beeil dich, es klingelt gleich!" Und sie bahnte sich einen Weg durch die Menge der Mädchen auf den Stufen zum Hörsaal.

Es klingelte genau in dem Moment, als sie den Hörsaal erreichten, und Priscilla ließ Patty die Briefe kommentarlos in den Schoß fallen, als sie vorbeiging. Patty las Gedichte und blickte nicht auf. Sie hatte ungefähr zehn Seiten Shelley[3] hinter sich, als es zum ersten Mal geklingelt hatte, und da sie nicht sicher war, um wen es in der Vorlesung gehen würde, verschlang sie nun Wordsworth[4] auf die gleiche gierige Weise. Pattys Strategie bei Romantischer Poesie bestand darin, zu Beginn

3 Percy Bysshe Shelley (1792 – 1822), britischer Dichter, verheiratet mit der Frankenstein-Autorin Mary Shelley.

4 William Wordsworth (1770 – 1850), britischer Dichter.

der Stunde sehr aufmerksam zu sein, den Blick des Dozenten früh auf sich zu ziehen, einen glänzenden Gedichtvortrag zu halten und den Rest der Zeit mit Dösen zu verbringen.

Heute aber lenkte die ungewohnte Menge der Post sie von ihrer ersten Pflicht ab. Es gelang ihr nicht, den Blick der Dozentin aufzufangen, und der Unterricht ging ohne ihre Beteiligung weiter. Priscilla beobachtete sie, als sie den Brief aus Yale mit skeptischem Stirnrunzeln las, eine Grimasse über den blauen und den gelben schnitt, aber bevor sie bei Hotel A. angekommen war, wandte Priscilla ihre Aufmerksamkeit wieder dem Vortrag zu. Bald war sie an der Reihe und sie überlegte fieberhaft, was sie zu Wordsworths Ansichten über Unsterblichkeit sagen sollte.

Plötzlich wurde der Raum aufgeschreckt durch ein hörbares Lachen von Patty, die sofort wieder ein ernstes Gesicht machte und unschuldig dreinschaute – aber zu spät. Sie hatte endlich den Blick der Dozentin auf sich gezogen.

„Miss Wyatt, worin sehen Sie die gravierendsten Beschränkungen unseres Autors?“

Miss Wyatt blinzelte ein- oder zweimal. Diese Frage ohne Zusammenhang war nicht erhellend. Zu ihrer Philosophie gehörte es aber, nie gleich zuzugeben, daß sie keine Ahnung hatte. Sie versuchte immer, sich durchzumogeln.

„Nun“, begann sie und schien gründlich zu überlegen, „ich denke, daß man die Frage von zwei Seiten betrachten kann – vom künstlerischen oder philosophischen Standpunkt aus.“

Das klang vielversprechend und die Dozentin lächelte ermutigend. „Ja?“ sagte sie.

„Und dennoch“, fuhr Patty nach noch gründlicherem Nachdenken fort, „ich denke, derselbe Grund ist die endgültige Erklärung für beides.“

Die Dozentin hätte fragen können „Wofür?“, aber sie hielt sich zurück und wartete ab.

Patty fand, daß sie genug getan hatte, aber sie stotterte verzweifelt weiter: „Trotz seiner wirklich tiefen Philosophie bemerken wir einen gewisses – man könnte beinahe sagen – Ungestüm in seinen Gedichten und einen Mangel an – äh – Nachdenklichkeit, die ich seiner Unreife und seinem – recht wilden Leben zuschreiben würde. Wenn er länger gelebt hätte, hätte er das vielleicht mit der Zeit überwunden.“

Die Klasse sah verwirrt aus, und um die Mundwinkel der Dozentin zuckte es. „Das ist wirklich eine interessante Sichtweite, Miss Wyatt, und soweit ich weiß, einzigartig.“

Als sie nach der Stunde aus dem Saal strömten, stürzte Priscilla sich auf Patty. „Was um Himmels willen hast du über Wordsworths Jugend und Unreife gesagt?“ fragte sie. „Der Mann ist über achtzig geworden und hat bei seinem letzten Atemzug noch ein Gedicht ausgehaucht!“

„Wordsworth? Ich habe von Shelley gesprochen.“

„Nun, der war nicht dran.“

„Woher sollte ich das wissen?“ empörte sich Patty. „Sie sagte ‚unser Autor‘, und ich habe es so lange wie möglich vermieden, eindeutige Details zu nennen.“

„Oh, Patty, Patty! Und du sagtest, er sei wild – das Lamm Wordsworth!“

„Worüber hast du überhaupt gelacht?“ fragte Georgie.

Patty lächelte wieder. „Ach, darüber“, sagte sie und entfaltete den Hotel A.-Brief. „Er ist von einem Engländer, Mr. Todhunter. Mein Vater hat ihn letzten Sommer kennengelernt und ihn eingeladen, ein paar Tage bei uns zu verbringen. Ich hatte ihn schon ganz vergessen, und nun fragt er, ob und wann er vorbeikommen kann, und wenn ja, paßt es ihm heute Abend. Das war ein langer Satz, nicht wahr? Sein Zug kommt um halb sechs an,und er wird gegen sechs Uhr hier sein."

„Er geht kein Risiko ein", sagte Priscilla.

„Nein", sagte Patty, „aber das macht nichts. Ich habe ihn eingeladen, einmal zum Abendessen zu kommen, obwohl ich es vergessen hatte. Er ist wirklich sehr nett und – trotz allem, was die satirischen Zeitungen über Engländer schreiben – auch sehr unterhaltsam."

„Bewußt oder unbewußt?"

„Beides", sagte Patty.

„Was macht er in Amerika?" fragte Priscilla. „Hoffentlich schreibt er kein Buch über ‚Das amerikanische Mädchen'."

„Ganz so schlimm ist es nicht", sagte Patty. „Er schreibt allerdings für eine Zeitung." Sie lächelte verträumt. „Er ist sehr neugierig auf unser College."

„Patty, ich hoffe, du hast nicht versucht, einem Engländer, einem Gast im Haus deines Vaters, verrückte Geschichten einzutrichtern!"

„Natürlich nicht", sagte Patty, „ich war sehr vorsichtig bei allem, was ich ihm erzählt habe. Aber", gab sie zu, „er – er ist leicht zu beeindrucken."

„Man bekommt leicht Eindrücke, wenn man mit dir spricht", bemerkte Georgie.

Patty ignorierte diese Bemerkung und fuhr fort: „Er fragte mich, was wir auf dem College lernen! Aber dann fiel mir ein, daß er als Ausländer in einem fremden Land ist, und so habe ich mich zusammengenommen und habe das Vorlesungsverzeichnis wörtlich wiedergegeben – und die verschiedenen Unterrichtsmethoden erklärt – und die Bibliothek und Laboratorien und Vorlesungssäle beschrieben."

„War er beeindruckt?" fragte Priscilla.

„Ja", sagte Patty, „ich glaube, man kann sogar beinahe sagen, benommen. Er fragte entschuldigend, ob wir jemals etwas täten, um den Druck zu mildern

– ob es auch Unterhaltung gäbe – und ich sagte: ‚O ja, wir haben einen Browning- und einen Ibsen-Club und manchmal führen wir griechische Tragödien im Original auf.‘ Er hatte regelrecht Angst, wieder in meine Nähe zu kommen, weil er fürchtete, ich würde aus Versehen Griechisch statt Englisch mit ihm reden.“

In Anbetracht der Tatsachen fanden Pattys Freundinnen diese letzte Bemerkung außerordentlich komisch, denn sie war im ersten Jahr drei Mal in Griechisch durchgefallen, und man hatte ihr empfohlen, es im zweiten Jahr zu wiederholen.

„Da er für eine Zeitung schreibt, hoffe ich“, sagte Priscilla, „daß du etwas tun wirst, seinen Eindruck zu mildern, sonst wird er nie für Frauen-Colleges in England sein.“

„Daran habe ich nicht gedacht“, sagte Patty, „vielleicht sollte ich das.“

Sie hatten die Stufen zum Dormitorium erreicht.

„Laßt uns noch nicht hineingehen“, sagte Georgie, „gehen wir hinunter zu Mrs. Muldoon und etwas Schokoladenkuchen holen.“

„Danke“, sagte Priscilla, „ich bin auf Diät.“

„Dann eine Suppe.“

„Ich kann nicht zwischen Mahlzeiten essen.“

„Dann komm du mit, Patty.“

„Tut mir leid, ich muß mein weißes Kleid in die Wäscherei bringen und es mangeln lassen.“

„Gehst du so weit, seinetwegen ein Abendkleid anzuziehen?“

„Ja“, sagte Patty, „ich denke, ich schulde es den amerikanischen Mädchen.“

„Nun“, seufzte Georgie, „ich habe Hunger, aber ich sollte mich wohl lieber daran machen, diese Puppe für die College Settlement Association[5] einzukleiden. Die Ausstellung ist heute abend."

„Meine ist fertig", sagte Priscilla, „und Patty wollte keine nehmen. Habt ihr gesehen, daß Bonnie Connaught heute morgen in Biologie hinten gesessen und die ganze Vorlesung damit verbracht hat, den Unterrock ihrer Puppe zu säumen?"

„Wirklich?" lachte Patty. „Ein Glück, daß Professor Hitchcock kurzsichtig ist."

Die College Settlement Association pflegte jedes Jahr vor Weihnachten dreihundert Puppen an die Studentinnen zu schicken, damit sie sie einkleideten und an die Siedlung in New York schickten. Die Puppen sollten so gut angezogen sein, daß sie den Müttern von der East Side als Vorbilder bei der Einkleidung ihrer eigenen Kinder dienen konnten, obwohl man zugeben muß, daß die Mädchen dazu neigten, mehr auf den Gesamteindruck als auf die Einzelheiten zu achten. An dem Abend, bevor die Puppen verschickt werden sollten, fand regelmäßig eine Puppenausstellung statt. Der Eintritt kostete zwei Cent (auch Briefmarken wurden akzeptiert), um den Versand der Puppen zu finanzieren.

Es war zehn nach sechs und Phillips Hall (als ob es noch nicht spät sei) saß beim Essen, als das Dienstmädchen mit Mr. Algernon Vivian Todhunters Karte erschien. Patty – strahlend schön in einem weißen Abendkleid – versuchte gerade mit vielen Verrenkungen, es hinten zuzuknöpfen.

„Oh, Sadie", rief sie dem Dienstmädchen zu, „würden Sie bitte hereinkommen und mir das Kleid zuknöpfen? Ich komme nicht heran, weder von oben noch von unten."

„Sie sehen wunderschön aus, Miss Wyatt", sagte Sadie bewundernd.

---

5 College Settlement Association: Wohltätige Organisation für die Unterstützung von Einwanderern.

Patty lachte. „Glauben Sie, daß ich der Nation zur Ehre gereichen kann?“

„Ganz sicher, Miss“, sagte Sadie höflich.

Patty lief den Korridor entlang bis zur Tür des Empfangszimmers, verlangsamte dann ihren Schritt und strahlte das aus, was sie „kontinentale Gelassenheit“ nannte. Das Zimmer war leer. Sie sah sich etwas überrascht um, denn sie wußte, daß die beiden Empfangszimmer auf der anderen Seite der Halle für die Puppenausstellung genutzt wurden. Sie stellte sich auf die Zehenspitzen und schielte durch die halb offene Tür hinein. In dem Zimmer wimmelte es von Puppen; jedes Möbelstück war von ihnen besetzt, und in einer entlegenen Ecke, am Ende einer langen Reihe von Puppen, sah sie Mr. Algernon Vivian Todhunter. Er saß bescheiden auf der Sofakante inmitten von flachshaarigen Puppen. Drei von ihnen, die er von ihrem Platz genommen hatte, hielt er unbeholfen auf dem Schoß.

Patty verschwand hinter der Tür und brauchte drei ganze Minuten, um ihre kontinentale Gelassenheit wiederzufinden; dann betrat sie das Zimmer und begrüßte Mr. Todhunter überschwänglich. Er siedelte die Puppen vorsichtig von seinem Schoß in seinen linken Arm um, stand auf und gab Patty die Hand.

„Geben Sie mir die lieben Kleinen“, sagte Patty freundlich, „ich fürchte, sie stören Sie.“

Mr. Todhunter murmelte etwas davon, daß es ihm ein Vergnügen und eine Ehre sei, die Puppen halten zu dürfen.

Patty zupfte ihre Kleider zurecht und setzte sie mit mütterlicher Fürsorge wieder auf das Sofa.

Mr. Todhunter sah ihr mit ernster Miene zu, und die Höflichkeit seiner Nation und der Instinkt des Reporters kämpften um die Oberhand. Schließlich begann er vorsichtig: „Miss Wyatt, darf ich fragen, ob – ähm – die jungen Damen viel Zeit damit verbringen, mit Puppen zu spielen?“

„Nein“, sagte Patty geradeheraus, „ich denke nicht, daß man behaupten kann, wir würden zuviel Zeit damit verbringen. Ich habe noch nie gehört, daß ein Mädchen seine Arbeit deswegen vernachlässigt hätte. Sie dürfen nicht glauben, daß wir jeden Abend so viele Puppen hier haben“, fuhr sie fort. „Es kommt ziemlich selten vor. Einmal im Jahr veranstalten die Mädchen einen Wettbewerb, um zu sehen, welche ihre Puppe am besten angezogen hat.“

„Ah, ich verstehe“, sagte Mr. Todhunter, „etwas freundschaftliche Rivalität.“

„Rein freundschaftlich“, sagte Patty.

Als sie sich auf den Weg zum Speisesaal machten, rückte Mr. Todhunter sein Monokel zurecht und warf noch einen letzten Blick auf die Puppenausstellung.

„Ich fürchte, Sie halten uns für kindisch, Mr. Todhunter“, sagte Patty.

„Ganz und gar nicht, Miss Wyatt“, versicherte er eilig. „Ich finde es ganz reizend, wissen Sie, und so – ähm – unerwartet. Mir wurde immer erzählt, daß an diesen Frauen-Colleges seltsame Spiele gespielt würden, aber ich hätte nie gedacht, daß es etwas so Weibliches sein würde, wie mit Puppen zu spielen.“

Als Patty abends in ihr Zimmer kam, fand sie Georgie und Priscilla inmitten von Grammatik- und Wörterbüchern vor. Beide waren mit deutscher Prosa beschäftigt und empfingen sie mit empörten Protestrufen.

„Wenn ich einen Mann habe“, sagte Priscilla, „teile ich ihn unter meinen Freundinnen auf.“

„Vor allem, wenn er sonderbar ist“, fügte Georgie hinzu.

„Und wir hatten unsere besten Kleider an“, fuhr Priscilla fort, „und du hast uns nicht einmal nach uns gesehen!“

„Engländer sind so schüchtern“, entschuldigte sich Patty, „ich wollte ihn nicht erschrecken.“

Priscilla sah sie mißtrauisch an. „Patty, ich hoffe, du hast nicht die Gutgläubigkeit des armen Mannes ausgenutzt!“

„Ganz sicher nicht!“ sagte Patty mit Würde. „Ich habe alle seine Fragen beantwortet und sehr darauf geachtet, nicht zu übertreiben. Aber“, fügte sie mit einnehmender Offenheit hinzu, „ich kann nicht für die Eindrücke garantieren, die er gewonnen hat. Wenn ein Engländer einmal eine Vorstellung von etwas gewonnen hat, ist es fast unmöglich, sie zu verändern.“

4. Eine Frage der Ethik

Pattys Verhalten im Unterricht war das Ergebnis ihrer reichlichen Erfahrung mit der professoralen Denkweise. In ihrem Senior-Jahr auf dem College tat sie nur noch das Allernötigste und konnte haargenau vorhersehen, an welchem Tag man sie aufrufen und wie die Frage lauten würde. Ihre Taktik variierte je nach Fach und Unterrichtendem und war das Resultat einer Menschenkenntnis, die, auf einen würdigeren Gegenstand angewandt, einiges geleistet hätte.

In Chemie hatten sie zum Beispiel einen Dozenten, der seine anfängliche Illusion, Mädchen seien pflichtbewußter als Jungen, längst verloren hatte. Er war nicht von Natur aus mißtrauisch, aber langjährige Erfahrung hatte ihn eine Wachsamkeit gelehrt, die manchmal übertrieben war. Er duldete nicht, daß man in seinem Unterricht einnickte, und wer unaufmerksam war, büßte dafür. Patty entdeckte seine Schwachstelle zu Beginn des Jahres und richtete ihr Verhalten danach aus. Wenn sie das Experiment nicht verstand, sah sie ihn mit höchst intelligenter Miene an, aber wenn sie es verstand und etwas sagen wollte, ließ sie den Blick mit einem verträumten, geistesabwesenden Lächeln aus dem Fenster schweifen. Wurde sie dann aufgerufen, kehrte sie mit einem Ruck in die Wirklichkeit der Chemie zurück, schien einen Moment lang gründlich nachzudenken und hielt dann einen brillanten Vortrag. Es läßt sich nicht leugnen, daß ihre Momente der Geistesabwesenheit selten waren; allzu oft zeigte sie brennendes Interesse.

In Französisch verfolgte sie eine entgegengesetzte Taktik. Die Höflichkeit, die seinem Volk angeboren war, gebot es dem Dozenten, nur die aufzurufen, die ihn anschauten und offenkundig darauf brannten, etwas zu sagen. Das machte die Sache vergleichsweise einfach, erforderte aber doch etwas Raffinesse. Patty ließ ihren Füller zu Boden fallen, brachte die Seiten ihres Notizbuches durcheinander, band sich die Schuhe zu und nieste sogar rechtzeitig, damit er sie im entscheidenden Moment in Ruhe ließ. Die anderen, die nicht so geschickt waren, begnügten sich damit, die Köpfe einzuziehen, wenn er seinen Blick über die Reihen schweifen ließ – eine Methode, die Pattys verächtlicher Einschätzung nach deutlicher als tausend Worte sagte: „Bitte rufen Sie mich nicht auf, ich habe keine Ahnung."

Aber bei Professor Cairnsley, der Philosophie unterrichtete, war es schwieriger. Er war im Dienst des Colleges alt geworden und nach dreißig Jahren Erfahrung mit der Natur junger Mädchen immer noch so arglos wie eh und je. Er betrachtete es als Selbstverständlichkeit, daß seine Schülerinnen ebenso an philosophischen Wahrheiten interessiert waren wie er selbst und hielt seine Vorlesungen ohne einen Funken Mißtrauen. Der Schlüssel zu seiner Methode war immer ein Geheimnis geblieben und mehrere Generationen von Studentinnen hatten vergeblich danach gesucht. Einige meinten, daß er jedes siebte Mädchen aufrief; andere, daß er es ausloste. Patty hatte zu Beginn des Kurses triumphierend verkündet, sie habe das Geheimnis gelüftet: Montags rief er die rothaarigen Mädchen auf, dienstags die blonden, mittwochs und donnerstags die braunhaarigen und freitags die schwarzhaarigen. Aber auch diese Lösung scheiterte in der Praxis, und Patty mußte ausnahmsweise feststellen, daß es in Professor Cairnsleys Unterricht all ihren Scharfsinn und sogar eine ganze Menge Arbeit erforderte, um ihren Ruf als ausgezeichnete Studentin zu wahren. Und ihr lag viel daran, denn sie mochte den Professor und war eine seiner Lieblingsschülerinnen. Sie hatte seine Frau schon gekannt, bevor sie aufs College gekommen war, und besuchte die Cairnsleys oft zu Hause. Kurzum, es war das perfekte Verhältnis zwischen Fakultät und Studentin.

Da Patty so viele andere Interessen hatte, beschäftigte sie sich nicht so eingehend mit Philosophie, wie es der Kurs vorsah, aber sie wußte eine Menge, was Professor Cairnsley überrascht hätte, wenn er hinter die Fassade gesehen hätte. Obwohl ihr Wissen nicht vollständig aus dem Lehrbuch stammte, hatte sie einen guten Ruf und – wie Patty mit einem Seufzen zugab –: „Es bedarf eines großen Aufwandes an Vorstellungskraft, um in Philosophie seine Reputation aufrechtzuerhalten."

In Pattys zweitem Jahr war der gesamte Psychologie-Kurs bei der Einführung in die Wissenschaft stumm vor Ehrfurcht gewesen – nur Patty hatte es gewagt, ihre Stimme zu erheben. Der Professor sprach über das Thema Sinnesempfindungen und sagte: „Es ist sehr wahrscheinlich, daß das Individuum alle wichtigen Empfindungen in den ersten Monaten der Kindheit erfährt und es im späteren Leben keine neuen Empfindungen mehr hat."

„Professor Cairnsley", piepste Patty, „waren Sie je in einer Wildwasserbahn?"

Damit war das Eis endlich gebrochen, die Klasse fühlte sich wie zu Hause und Patty hatte sich – wenn auch unverdient – den Ruf erworben, ein tiefes Verständnis für Psychologie zu haben, der ihr in ihrem letzten Jahr immer noch anhaftete, auch wenn er auf Sand gebaut war und jederzeit einstürzen konnte wie ein Kartenhaus. Sie hatte den Schein bis zu den Weihnachtsferien gewahrt und sprach so geistreich über moralische Pflichten und den Ursprung des Gewissens, als habe sie die Bücher zu diesen Themen gründlich studiert. Aber als das Studium begann, sich mit einzelnen Theologien zu beschäftigen, die auf festen historischen Tatsachen basierten, stellte Patty fest, daß ihre Phantasie ihr nicht viel nützte. Mehrmals hatte einfach nur das Glück sie vor der Enttarnung gerettet. Einmal hatte die Klingel in einem günstigen Augenblick geläutet und zwei Mal war es ihr gelungen, eine direkte Antwort zu umgehen, indem sie das Gespräch auf nebensächliche Themen lenkte. Ihr war jedoch klar, daß das Glück ihr nicht immer hold sein würde, und da der Professor meistens vergaß, die Anwesenheit zu kontrollieren, entwickelte sie die ruchlose Angewohnheit, einfach zu schwänzen, wenn sie nicht vorbereitet war.

Ein oder zwei Wochen lang war sie von anderen Aufgaben (nicht alle hatten mit dem College zu tun) abgelenkt gewesen und hatte keine Zeit gehabt, sich um die Wahrung ihrer Reputation zu kümmern. Ohne Gewissensbisse war sie den Ethik-Vorlesungen mehrere Tage nacheinander unentschuldigt ferngeblieben.

„Worüber hat er in Ethik gesprochen – als ich gefehlt habe?“ wollte sie eines Nachmittags von Priscilla wissen.

„Swedenborg[6].“

„Swedenborg“, wiederholte Patty träumerisch. „Der hat eine neue Religion gegründet, nicht wahr? Oder war es eine neue Art von Gymnastik? Ich habe von ihm gehört, aber ich erinnere mich an keine Einzelheiten mehr.“

„Beschäftige dich besser mit ihm, er ist wichtig.“

„Bestimmt, aber ich habe einundzwanzig Jahre gelebt, ohne etwas über ihn zu wissen, und kann auch

6 Emanuel Swedenborg (1688–1772), schwedischer Wissenschaftler und Mystiker.

noch einen Monat damit warten. Ich hebe mir Konfuzius und die Jesuiten für die Prüfungszeit auf und füge Swedenborg zu der Liste hinzu."

„Tu das lieber nicht. Professor Cairnsley verehrt ihn und kann dich jederzeit abfragen!"

„Nicht Professor Cairnsley", lachte Patty. „Er will doch keine Zeit verschwenden. Er wird zwei Wochen einfach weiter dozieren – ein netter Mensch; ich sehe es in seinen Augen. Ich mag es, wenn ein Professor seinen Sermon aufsagt und uns in Ruhe lässt."

„Du wirst noch einmal auf die Nase fallen", warnte Priscilla.

„Keine Sorge, meine liebe Kassandra. Ich kenne Professor Cairnsley – und er glaubt mich zu kennen. Wir verstehen uns blendend. Ich wünschte, es gäbe mehr Leute wie ihn", fügte Patty mit einem Seufzer hinzu.

Professor Cairnsley begann die Vorlesung am nächsten Morgen und hatte offenbar vor, ohne Pause weiter zu reden. Patty warf Priscilla einen triumphierenden Blick zu, als sie ihren Füller aufschraubte und sich an die Arbeit machte. Während seines Vortrags hatte er jedoch Gelegenheit, sich auf Swedenborg zu beziehen. Er hielt einen Moment inne und fragte beiläufig ein Mädchen in der ersten Reihe nach einem Resümee von Swedenborgs Philosophie. Unglücklicherweise verwechselte die Gefragte ihn mit Schopenhauer und schrieb ihm schlagfertig Lehren zu, bei denen er sich wahrscheinlich im Grab umdrehte. Es heißt, der Wurm werde sich winden[7], und das milde Lächeln des Professors schwand, als er die Frage einem anderen Mädchen stellte und das Ergebnis nicht viel besser war. Offenbar waren alle wie Patty der Meinung gewesen, die Zeit zum Lernen sei noch nicht gekommen. Er war empört

7 William Shakespeare, *König Heinrich VI.*, 2. Akt, 2. Szene: „Der kleinste Wurm, getreten, windet sich".

und nicht bereit, die Sache auf sich beruhen zu lassen. Er knöpfte sich alle einzeln vor und wurde immer sarkastischer.

Als die Reihe an sie kam, wußte Patty, daß sie verloren war. Sie versuchte krampfhaft, sich an Swedenborg zu erinnern. Er war für sie nur ein Name und sie wußte nicht, ob er ein alter Grieche oder ein zeitgenössischer Amerikaner gewesen war. Professor Cairnsley entlockte den erschrockenen Studentinnen die Oberflächlichkeiten, die allen Philosophen mehr oder weniger gemeinsam sind. Patty begriff, daß ihre Phantasie ihr nicht helfen würde, der friedfertige Professor ausnahmsweise auf dem Kriegspfad war und nur Swedenborg und nichts als Swedenborg sie retten würde. Sie warf Priscilla einen gequälten Blick zu und Priscilla grinste zurück. „Ich habe es dir ja gleich gesagt", sprach aus ihrer Miene.

Patty sah sich verzweifelt um. Der Hörsaal hatte die Form eines Amphitheaters, und Patty saß in der zweiten Reihe. Der Professor kam unaufhaltsam näher. Das Mädchen, das vor ihr dran war, redete in Panik völligen Unsinn. Der Professor runzelte die Stirn, schaute in seine Liste und notierte langsam und entschlossen eine Sechs.

Als er den Blick wieder hob, war Pattys Platz leer. Sie kniete am Boden und versteckte sich hinter dem Mädchen, das vor ihr saß. Der ahnungslose Professor überging ihren gesenkten Kopf und rief das Mädchen neben ihr auf. Sie hustete hysterisch und fiel glatt durch. Während er diese Tatsache notierte, nahm Patty ihren Platz wieder ein. Lachen ertönte, der Professor runzelte wieder die Stirn und bemerkte, er sehe keinen Grund zur Belustigung. Die Glocke läutete und die Studentinnen ergriffen die Flucht.

Am gleichen Nachmittag platzte Patty in das Arbeitszimmer, in dem Priscilla und Georgie Merriles gerade Tee kochten.

„Dachtet ihr je, daß ich ein Gewissen habe?“ fragte sie.

„Das habe ich nie für deine starke Seite gehalten“, sagte Georgie.

„Und ob ich eins habe! Was, glaubt ihr, habe ich gemacht?“

„Deine Ethik-Lektionen nachgeholt“, schlug Priscilla vor.

„Schlimmer.“

„Du *warst nicht* bei der Gymnastik, Patty!“ sagte Georgie.

„Himmel, nein! So weit bin ich nicht gegangen. Nun, ich habe Professor Cairnsley an der Pforte getroffen, und er gratulierte mir zu meinen Leistungen in Ethik!“

„Das muß peinlich gewesen sein“, sagte Georgie.

„Ja, war es“, räumte Patty ein. „Ich sagte, ich wüßte wirklich nicht so viel, wie er glaube.“

„Und was hat er gesagt?“

„Daß ich zu bescheiden sei. Er ist so ein vertrauensseliger alter Mann, man mag ihn nicht hereinlegen. Und was meint ihr? Ich habe ihm von dem Platz erzählt!“

Priscilla lächelte ihrer sonst so feigen Stubenkameradin beifällig zu. „Nun, Patty, du bist tatsächlich besser, als ich dachte!“

„Danke“, murmelte Patty.

„Ich beginne zu glauben, daß du ein Gewissen hast“, sagte Georgie.

„Ein ausgezeichnetes!“ sagte Patty zustimmend.

„Am Ende lohnt es sich“, sagte Priscilla.

„O ja“, stimmte Patty zu. „Professor Cairnsley sagte, er würde mir Swedenborg persönlich erklären, und hat mich für heute Abend zum Essen eingeladen!“

5. Das Phantom Kate Ferris

Die geheimnisvolle Kate Ferris, die Priscilla ein ganzes Semester lang an den Rand eines Nervenzusammenbruchs bringen sollte, begann ihre College-Laufbahn plötzlich und unerwartet. Alles begann an einem Tag im November. Georgie Merriles und Patty waren gerade vom Sportplatz gekommen. Sie hatten sich den Start einer Schnitzeljagd angesehen, bei der Priscilla den Fuchs spielte. Als sie gerade das Arbeitszimmer betreten wollten, hielt Georgie inne und betrachtete eingehend ein paar Blätter Papier, die an der Tür hingen.

„Was ist denn das, Patty?"

„Oh, das ist die Anmeldeliste für den Deutsch-Club. Priscilla ist die Sekretärin und jede, die beitreten will, kommt hier her. In ihrem Arbeitszimmer wimmelt es die ganze Zeit so von Frischlingen, daß ich ihr gesagt habe, sie solle die Liste draußen an die Tür hängen, es funktioniert wunderbar." Patty blätterte in der Liste und sah die gekritzelten Unterschriften an. „Es ist ein beliebter Verein, nicht wahr? Die Frischlinge reißen sich darum, hinein zu kommen."

„Sie wollen Fräulein Scherin beweisen, wie sehr sie sich für das Fach interessieren", lachte Georgie.

Patty griff nach ihrem Bleistift. „Möchtest du mitmachen? Priscilla würde sich freuen."

„Nein, danke, ich bezahle schon genug Club-Gebühren."

„Ich fürchte, ich komme auch nicht in Frage, weil ich kein Deutsch kann. Aber dieser Bleistift ist so schön spitz – es wäre ein Jammer, nicht damit zu schreiben.“ Patty wog den Bleistift einen Moment in der Hand und schrieb dann gedankenverloren den Namen „Kate Ferris“.

Georgie lachte. „Falls es eine Kate Ferris im College geben sollte, wäre sie überrascht, Mitglied im Deutsch-Club zu sein“, und die Geschichte war vergessen.

Ein paar Tage später kamen die beiden nach dem Unterricht ins Zimmer und trafen Priscilla und die Vorsetzende des Deutsch-Clubs an. Sie saßen auf dem Sofa, steckten die Köpfe zusammen und blätterten hektisch im Verzeichnis.

„Sie ist keine aus dem zweiten Jahr“, verkündete die Präsidentin. „Sie *muß* ein Frischling sein, Priscilla. Sieh noch mal nach.“

„Ich bin die Liste drei Mal durchgegangen, und es ist keine einzige Ferris dabei!“

Georgie und Patty tauschten einen Blick und fragten, was das Problem sei.

„Ein Mädchen namens Kate Ferris hat sich für den Deutsch-Club eingetragen. Wir haben alle Kurse durchforstet, und es gibt im ganzen College kein Mädchen, das so heißt.“

„Vielleicht eine Externe“, schlug Patty vor.

„Natürlich! Warum sind wir nicht darauf gekommen?“ Und Priscilla wandte sich der Liste der externen Studentinnen zu. „Nein, sie steht nicht drauf.“

„Laß mich mal sehen“, und Patty überflog die Spalte. „Ihr habt einen falschen Namen“, bemerkte sie und gab das Buch mit einem Achselzucken zurück.

Priscilla zog die Anmeldeliste hervor und wies triumphierend auf eine unübersehbare Kate Ferris. „Sie haben vergessen, sie einzutragen.“

„Ich habe noch nie erlebt, daß so ein Fehler passiert ist“, sagte die Präsidentin skeptisch. „Ich glaube, wir sollten sie lieber nicht in die Teilnehmerliste aufnehmen, ehe wir wissen, wer sie ist."

„Das würde ihre Gefühle verletzen", sagte Georgie. „Frischling sind sehr empfindlich, wenn man sie übergeht."

„Oh, nun gut, es spielt keine Rolle." Und so wurde Kate Ferris in den Club aufgenommen.

Ein paar Wochen später war Priscilla dabei, das letzte Treffen in grammatikalisch korrektem Deutsch zu protokollieren. Als sie das Wörterbuch und die Grammatik mit einem Seufzer der Erleichterung schloß, bemerkte sie zu Patty: „Das mit dieser Kate Ferris ist wirklich seltsam. Sie hat ihre Gebühren nicht bezahlt, und so weit ich sehe, war sie auch auf keinem einzigen Treffen. Sollte man ihren Namen von der Liste streichen? Ich glaube nicht, daß sie noch auf dem College ist."

„Tu das ruhig", sagte Patty und sah gleichgültig zu, wie Priscilla den Namen mit einem Federmesser wegschabte. Patty machte nie den Fehler, zu dick aufzutragen.

Als Priscilla am nächsten Morgen aus dem Unterricht kam, fand sie eine Notiz an ihrer Tür, geschrieben in den kerzengeraden Buchstaben von Kate Ferris. Sie lautete:

> „Liebe Miss Pond: Ich wollte meine Club-Gebühren bezahlen, und da Sie nicht da waren, habe ich das Geld ins Bücherregal gelegt. Ich bedaure, so viele Treffen versäumt zu haben, aber es ging nicht anders.
>
> Kate Ferris."

Priscilla zeigte der Präsidentin die Notiz als greifbaren Beweis, daß Kate Ferris immer noch existierte, und trug den Namen wieder in die Liste ein.

Ein paar Woche später fand sie wieder eine Nachricht an ihrer Tür:

> „Liebe Miss Pond: Da ich sehr beschäftigt bin, habe ich keine Zeit, zu den Deutsch-Clubtreffen zu kommen, und habe beschlossen, auszuscheiden. Ich habe meine Abmeldung ins Bücherregal gelegt.
>
> Kate Ferris."

Als Priscilla den Namen wieder aus der Liste tilgte, bemerkte sie: „Ich bin froh, daß diese Kate Ferris endlich aus dem Club ausgeschieden ist. Sie hat mir mehr Mühe gemacht als alle anderen Mitglieder zusammen."

Am nächsten Morgen erschien eine dritte Notiz an der Tür:

> „Liebe Miss Pond: Gestern Abend habe ich Fräulein Scherin gesagt, daß ich aus dem Deutsch-Club ausgeschieden bin, und sie sagte, der Club würde mir bei meiner Arbeit helfen, und riet mir zu bleiben. Ich wäre also sehr dankbar, wenn Sie meinen Brief auf dem Treffen nicht vorlesen würden, da ich Fräulein Scherins Rat befolgen möchte.
>
> Kate Ferris."

Priscilla stöhnte und warf Patty die Notiz zu. Sie holte das Register hervor, blätterte bis F und trug Kate Ferris wieder ein.

Patty sah ihr teilnahmsvoll über die Schulter. „Das Buch wird so dünn an der Stelle", lachte sie, „daß Kate Ferris auf der anderen Seite erscheint! Wenn sie sich noch einmal umentscheidet, gibt es ein Loch!"

„Ich werde Fräulein Scherin nach ihr fragen“, erklärte Priscilla. „Sie hat mir so viel Ärger gemacht, daß ich wissen möchte, wie sie aussieht.“

Sie fragte Fräulein Scherin tatsächlich, aber das Fräulein bestritt, das Mädchen zu kennen. „Ich habe so viele Frischlinge“, entschuldigte sie sich, „ich kann mir nicht all ihre seltsamen Namen merken.“

Priscilla fragte alle Frischlinge, die sie kannte, aber obwohl alle dachten, daß ihnen der Name bekannt vorkam, konnte keine von ihnen sie richtig einordnen. Einige beschrieben sie als groß und dunkelhaarig, andere als klein und blond, aber weitere Nachforschungen ergaben immer, daß das Mädchen, an das sie dachten, jemand anders war.

Priscilla erkundigte sich überall nach dem Mädchen, bekam es aber nie zu sehen. Miss Ferris kam mehrmals vorbei, aber Priscilla war jedes Mal gerade nicht da. Ihr Name hing am Schwarzen Brett, weil sie Bücher aus der Bibliothek geliehen und nicht rechtzeitig zurückgegeben hatte. Sie schrieb sogar einen Aufsatz für eins der Treffen des Deutsch-Clubs (Deutsch fiel Georgie nicht leicht, und sie brauchte einen ganzen Samstag dafür), aber weil sie plötzlich die Stadt verlassen mußte, las sie ihn nicht selbst vor.

Ein oder zwei Monate nach Kate Ferris' Ankunft hatte Priscilla Besuch von Freunden aus New York, die bei ihr im Arbeitszimmer Tee trinken sollten. „Ich werde Kate Ferris einladen“, verkündete sie. „Ich will unbedingt herausfinden, wie sie aussieht.“

„Tu das“, sagte Patty. „Ich würde es auch gern wissen.“

Die Einladung wurde abgeschickt und am nächsten Tag erhielt Priscilla eine formelle Zusage.

„Merkwürdig, daß sie eine Zusage schickt“, sagte sie, als sie es las, „aber ich bin froh darüber. So kann ich sicher sein, daß ich sie endlich zu sehen bekommen werde.“

Als die Gäste am Abend nach dem Tee gegangen waren und alle Möbel wieder an ihrem Platz standen, verteilten die müden Wirtinnen in etwas zerknitterten Abendkleidern (das ist die Folge, wenn sich fünfzig Leute in einen Raum zwängen, in den höchstens fünfzehn hinein passen), die restlichen belegten Brote und Kuchen an ein oder zwei Freundinnen, die noch da waren. Nachdem sie die Gesellschaft und die Kleider diskutiert hatten, geriet die Konversation ein wenig ins Stocken, und Georgie fragte plötzlich: „War Kate Ferris eigentlich da? Ich war so damit beschäftigt, den Kuchen zu verteilen, daß ich nicht auf sie geachtet habe – dabei wollte ich sie doch unbedingt sehen!“

„Genau!“ rief Patty. „Ich habe sie auch nicht gesehen! Sie ist der unscheinbarste Mensch, von dem ich je gehört habe, fast schon unnormal! Wie sah sie aus, Pris?“

Priscilla runzelte die Brauen. „Sie kann nicht da gewesen sein. Ich habe den ganzen Abend Ausschau nach ihr gehalten. Es ist seltsam, oder? Sie hat doch sogar eine Zusage geschickt. Ich werde noch wahnsinnig wegen dieses Mädchens und glaube allmählich, daß sie unsichtbar ist.“

„Ich auch“, sagte Patty.

Am nächsten Morgen kam Post – ein Strauß Veilchen und eine Entschuldigung von Kate Ferris. „Sie wurde leider aufgehalten.“

„Das ist ja richtig unheimlich!“ erklärte Priscilla. „Ich gehe zur Verwaltung und sage dort, daß diese Kate Ferris in keinem Verzeichnis eingetragen ist. Ich muß herausfinden, wo sie wohnt.“

„Tu nichts Unüberlegtes“, bat Georgie. „Nimm hin, was die Götter schicken, und sei dankbar.“

Aber Priscilla machte ihre Ankündigung wahr und kam mit rotem Gesicht und wütend zurück. „Sie besteht darauf, daß es keine solche Person auf dem College gibt und daß ich mich im Namen geirrt haben muß! Hast du je so etwas Absurdes gehört?“

„Das scheint mir die einzige vernünftige Erklärung zu sein“, stimmte Patty freundlich zu. „Vielleicht ist es Harris statt Ferris.“

Priscilla sah sie finster an. „Du hast den Namen doch selbst gelesen! Er war leserlich geschrieben, fast so gut wie Druckschrift.“

„Wir können alle Fehler machen“, murmelte Patty beschwichtigend.

„Weißt du“, sagte Georgie, „ich fange an zu glauben, daß alles eine Halluzination ist und es wirklich keine Kate Ferris gibt. Es ist natürlich seltsam, aber man kennt ja solche Fälle aus der Psychologie.“

„Halluzinationen schicken keine Blumen“, sagte Priscilla hitzig und stapfte aus dem Zimmer.

Patty und Georgie blieben zurück und besprachen ihr weiteres Vorgehen.

„Ich fürchte, es ist genug“, sagte Georgie. „Wenn sie zu viel Ärger macht, wird es eine offizielle Untersuchung geben.“

„Das fürchte ich auch“, seufzte Patty. „Es war sehr lustig, aber sie reagiert mittlerweile sehr empfindlich auf das Thema. Ich wage nicht, *Kate Ferris* zu erwähnen, wenn wir allein sind.“

„Sollen wir es ihr sagen?“

Patty schüttelte den Kopf. „Nicht gerade jetzt – ich traue mich nicht. Sie ist eine Anhängerin körperlicher Züchtigung.“

Ein paar Tage später erhielt Priscilla eine weitere Nachricht in der Handschrift, die sie inzwischen fürchtete. Sie warf sie ungeöffnet in den Papierkorb, aber dann siegte doch ihre Neugier. Sie holte den Brief wieder heraus und las:

„Liebe Miss Pond: Da ich das College aus gesundheitlichen Gründen verlassen muß, schicke ich hiermit meine Abmeldung aus dem Deutsch-Club. Ich danke Ihnen sehr für die Güte, die Sie mir dieses Jahr erwiesen haben. Unsere Freundschaft wird eine meiner glücklichsten Erinnerungen an die Zeit auf dem College sein.

Hochachtungsvoll
Kate Ferris."

Als Patty hereinkam, traf sie auf Priscilla, die grimmig schweigend ein Loch in die Stelle kratzte, an der Kate Ferris' Name gestanden hatte.

„Hat sie es sich schon wieder anders überlegt?" fragte Patty freundlich.

„Sie hat das College verlassen", fauchte Priscilla, „und erwähne nie wieder ihren Namen in meiner Gegenwart!"

Patty seufzte mitfühlend und bemerkte an das Zimmer im Allgemeinen gewandt: „Es ist irgendwie herzergreifend, wenn dein ganzes College-Leben auf ein Loch im Archiv des Deutsch-Clubs hinausläuft. Sie kann einem leidtun!"

6. Eine Geschichte mit vier Fortsetzungen

Es war Samstag und Patty arbeitete seit dem Frühstück – abgesehen von einer kurzen Pause zum Mittagessen – an einem Aufsatz mit dem Titel „Shakespeare, der Mensch“. Um vier Uhr legte sie ihren Federhalter hin, fegte ihr Werk in den Papierkorb und sah ihre Stubenkameradin trotzig an.

„Was kümmert mich Shakespeare, der Mensch? Er ist seit dreihundert Jahren tot!“

Priscilla lachte gefühllos. „Was kümmert mich das Nervensystem der Frösche? Aber ich schreibe trotzdem einen interessante Darstellung darüber.“

„Ah, ich wage zu behaupten, daß du einen wertvollen Beitrag zu dem Thema leistest.“

„Genauso wertvoll wie dein Beitrag zur Shakespeariana.“

Patty stieß einen tiefen Seufzer aus und schaute aus dem Fenster. Es regnete in Strömen.

„Oh, gib den Aufsatz ab“, sagte Priscilla tröstend. „Du hast den ganzen Tag daran gearbeitet, und er ist wahrscheinlich nicht schlechter als die meisten deiner Arbeiten.“

„Der Aufsatz ist vollkommen sinnlos“, sagte Patty.

„Das sind sie schon gewohnt“, lachte Priscilla.

„Worüber lachst du eigentlich?“ fragte Patty mürrisch. „Ich finde, es gibt an diesem scheußlichen Ort nichts zu lachen. Ständig muß man Sachen machen, die man nicht will, und immer dann, wenn man gerade gar keine Lust hat. Immer das Gleiche Tag für Tag – die Klingel bestimmt, wann man aufsteht, ißt, schläft! Ich komme mir vor wie ein Verbrecher in einer Anstalt!“

Priscilla quittierte diesen Ausbruch mit dem Schweigen, den er verdiente, und Patty wandte ihre Aufmerksamkeit wieder dem regennassen Campus zu.

„Ich wünschte, es würde etwas passieren“, sagte sie unzufrieden. „Ich glaube, ich ziehe mir einen Regenmantel an, gehe nach draußen und suche das Abenteuer!“

„Dann ‚passiert‘ eine Lungenentzündung.“

„Mit welchem Recht regnet es eigentlich, wenn es schneien sollte?“

Da es darauf keine Antwort gab, widmete sich Priscilla wieder ihren Fröschen, und Patty trommelte düster an die Fensterscheibe, bis ein Dienstmädchen mit einer Karte erschien.

„Besuch?“ rief Patty. „Ein Missionar! Ein Retter! Ein Erlöser! Himmel, laß ihn für mich sein!“

„Miss Pond“, sagte Sadie und legte die Karte auf den Tisch.

Patty stürzte sich sofort darauf. „Mr. Frederick Stanthrope! Wer ist das, Pris?“

Priscilla runzelte die Brauen. „Ich weiß nicht, ich habe nie von ihm gehört. Was, glaubst du, hat das zu bedeuten?“

„Ein Abenteuer – ganz bestimmt! Wahrscheinlich ist dein Onkel, von dem du nie gehört hast, in der Südsee gestorben und hat dir ein Vermögen hinterlassen, weil du nach ihm benannt wurdest, oder du bist eigentlich eine Gräfin und wurdest als Baby aus deiner Wiege entführt, und er ist der Anwalt, der es dir mitteilt. Ich finde, es sollte mir passieren, weil ich mich zu Tode langweile! Aber nun beeil dich und erzähle es mir hinterher – ein Abenteuer aus zweiter Hand ist besser als gar keins! Ja, dein Haar ist in Ordnung, sieh nicht in den Spiegel.“ Und Patty schubste ihre Stubenkameradin zur Tür hinaus, setzte sich wieder an ihren Schreibtisch, fischte vergnügt ihren verworfenen Aufsatz aus dem Papierkorb und las ihn noch einmal, diesmal offenkundig zustimmend.

Priscilla kam zurück, bevor sie fertig war. „Er hat gar nicht nach mir gefragt“, verkündete sie. „Er hat nach Miss McKay gefragt.“

„Miss McKay?“

„Dieser Frischling mit den Haaren“, erklärte sie etwas vage.

„Das ist ja gräßlich!“ rief Patty. „Ich hatte mir schon ausgemalt, daß ich bei dir in deinem Schloß oben in den Bergen des Harz wohnen würde, und nun stellt sich heraus, daß Miss McKay die Gräfin ist – und ich kenne sie nicht einmal! Wie sah der Mann aus, und was hat er getan?“

„Nun, er sah ziemlich erschrocken aus und hat nur gestottert. Es waren zwei Männer im Empfangszimmer und natürlich habe ich den falschen gefragt, ob er Mr. Stanthrope sei. Er sagte nein, er hieß Wiggins. Also blieb mir nur übrig, den anderen zu fragen.

Er saß in dem hohen grünen Lehnstuhl, starrte auf seine Schuhe und hielt seinen Hut und seinen Stock vor sich wie einen Schutzschild, als wolle er einen Angriff abwehren. Er sah nicht sehr zugänglich aus, aber ich sprach ihn tollkühn an und fragte, ob er Mr. Stanthrope sei. Er stand auf, stotterte und wurde rot und sah aus, als wolle er es leugnen, aber schließlich gab er zu, es zu sein, und stand dann friedlich da und wartete, daß ich sagte, was ich wollte! Ich erklärte es, und er stammelte wieder etwas und brachte schließlich heraus, daß er zu Miss McKay wolle und das Dienstmädchen einen Fehler gemacht haben müsse. Er war richtig ärgerlich deswegen und tat so, als hätte ich ihn beleidigt, und der andere – der schreckliche Wiggins – lachte und schaute dann ganz unschuldig aus dem Fenster, als sei nichts gewesen. Ich entschuldigte mich – obwohl ich nicht wußte, warum –, sagte, ich würde das Dienstmädchen zu Miss McKay schicken, und trat den Rückzug an."

„Ist das alles?" fragte Patty enttäuscht. „Lieber gar kein Abenteuer als so eins."

„Aber das Seltsame ist: Als ich es Sadie erzählte, bestand sie darauf, daß er nach mir gefragt habe."

„Ha! Es wird also doch noch spannend! Was bedeutet das? Sah er aus wie ein Detektiv – oder nur wie ein Taschendieb?"

„Er sah aus wie ein ganz normaler, verlegener junger Mann."

Patty schüttelte niedergeschlagen den Kopf. „Es steckt irgendein Geheimnis dahinter, aber es scheint mir nicht sehr unterhaltsam zu sein. Wahrscheinlich hat er zu Miss McKay gesagt, er habe gar nicht nach ihr gefragt, sondern nach Miss Higginbotham. Die einzige Erklärung, die mir einfällt, ist, daß er verrückt ist, und es gibt so viele Verrückte auf der Welt, daß es nicht einmal interessant ist."

Beim Abendessen erzählte Patty die Geschichte von Priscillas Besuch.

„Ich kenne die Fortsetzung", sagte Lucille Carter. „Der andere Mann – dieser Mr. Wiggins – ist Bonnie Connaughts Cousin. Er hat ihr von einem jungen Mann erzählt, der mit ihm im Auto gekommen war und an der Tür nach Miss Pond gefragt hatte. Dann überlegte er es sich plötzlich anders, rannte dem Dienstmädchen hinterher und schrie aus Leibeskräften: „He! Warten Sie!" Aber er konnte sie nicht einholen und als Miss Pond kam, tat er so, als habe er nach einer anderen gefragt."

„Ist das alles?" fragte Patty. „Das ist keine besondere Fortsetzung, finde ich. Es beweist nur, daß eine Verschwörung gegen Priscillas Leben besteht und das wußte ich schon. Ich werde Miss McKay nach ihm fragen. Ich kenne sie nur vom Sehen, aber wenn es um Leben und Tod geht, ist es wohl nicht nötig, darauf zu warten, einander vorgestellt zu werden."

Am nächsten Abend verkündete Patty: „Fortsetzung Nummer Zwei! Mr. Frederick K. Stanthrope lebt in New York und ist der beste Freund von Miss McKays Bruder. Sie hat ihn bisher nur einmal gesehen und wußte nichts von seinen früheren Verhältnissen. Aber das Seltsame ist, daß er ihr gegenüber nie etwas von Priscilla erwähnt hat. Würde man nicht annehmen, daß er ihr von so einem lustigen Irrtum erzählt hätte? Meiner Meinung nach", fuhr Patty feierlich fort, „war es von langer Hand geplant. Er ist zweifellos ein Wolf im Schafspelz und nutzte seine Bekanntschaft mit Miss McKay als Deckmantel, um seiner Enttarnung zu entgehen. Meine Theorie ist: Er hat Priscillas Namen im Verzeichnis gefunden und ist mit der Absicht hergekommen, sie wegen ihrer Juwelen zu ermorden, aber als er sah, wie groß sie ist, hat er Angst bekommen und hat seinen schändlichen Plan aufgegeben. Wenn er mich auserkoren hätte, würde meine Leiche jetzt hinter dem Sofa liegen, und meine Anstecknadel ruhte in der Tasche des Mörders."

Patty schauderte. „Stellt euch vor, was mir erspart geblieben ist. Und ich habe die Zeit über geklagt, daß hier nie etwas passiert!"

Ein paar Tage später erschien sie mit einer weiteren Bekanntmachung am Tisch: „Ich habe das Vergnügen, meine jungen Damen, euch die dritte und letzte Fortsetzung des großen Stanthrope-Pond-McKay-Krimis zu präsentieren. Und ich nutze die Gelegenheit, mich bei

Mr. Stanthrope für meine unwürdigen Verdächtigungen zu entschuldigen. Er ist kein Einbrecher, kein Detektiv und auch kein Mörder, ja nicht einmal Anwalt, sondern nur ein armer junger Mann mit einer längst begrabenen Romanze."

„Wie hast du das herausgefunden?" riefen mehrere Stimmen im Chor.

„Ich habe gerade Miss McKay in der Halle getroffen. Sie war in New York, und dort hat ihr Bruder ihr die Einzelheiten erzählt. Anscheinend war Mr. Frederick K. Stanthrope vor drei oder vier Jahren mit einer Alice Pond verlobt, die auf dieses College gegangen ist – sie ist jetzt Mrs. Hiram Brown, aber das hat nichts mit der Geschichte zu tun. Da er letzten Samstag geschäftlich in der Stadt war, beschloß er, herzukommen und Miss McKay zu besuchen, weil er ein guter Freund ihres Bruders war – und auch um der guten alten Zeiten willen. Er amüsierte sich im Auto zunächst damit, seine begrabene Romanze auferstehen zu lassen, und versank mit jeder Meile tiefer in seinen Erinnerungen. Als er endlich an der Tür war und dem Dienstmädchen seine Karte gab, war er so in Gedanken, daß er nach Miss Pond fragte, wie vor vielen Jahren. Er begriff nicht sofort, was er getan hatte, dann fiel es ihm schlagartig ein, aber er konnte Sadie nicht einholen. Er wußte natürlich, daß der andere Mann es gehört hatte, und saß zu Tode erschrocken da und suchte nach einer guten Ausrede. Er rechnete damit, eine fremde Miss Pond werde hereinkommen und eine Erklärung verlangen. Der Vorhang ging dann auch auf, und eine hochgewachsene, schöne, majestätische Erscheinung (ich zitiere Miss McKays Bruder) trat ein, ging auf den falschen Mann zu und fragte ihn in stolzem Tonfall, ob er Mr. Frederick K. Stanthrope sei. Er verneinte zu Recht, und da blieb dem richtigen Mr. Stanthrope nichts anderes übrig, als aufzustehen und es wie ein Mann zu bekennen, was er auch tat, aber dann kam er nicht weiter. Seine Phantasie war betäubt und gelähmt, und er wandte sich an Sadie und wußte die ganze Zeit, daß der andere Mann wußte, daß er log. Und das war alles", schloß Patty. „Keine großartige Geschichte, aber ein Segen, daß sie zu Ende ist."

„Patty", rief Priscilla vom anderen Ende des Tisches, „hast du ihnen diese absurde Geschichte erzählt?"

„Warum nicht?" fragte Patty. „Nach all den Fortsetzungen wollten sie natürlich auch den letzten Teil hören!"

Priscilla lachte. „Aber das war gar nicht der letzte Teil. Ich kenne einen noch aktuelleren."

„Aktueller als der von Patty?" fragte die Tischgesellschaft.

„Ja, aktueller als Pattys. Es ist eigentlich keine Fortsetzung, sondern nur ein Anhang. Ich würde es euch nicht erzählen, aber ihr findet es sowieso heraus, also kann ich es auch gleich sagen. Miss McKay hat zwei Männer zur Frischlings-Party eingeladen und beide haben angenommen. Und da es schwierig ist, zwei Männer gleichzeitig zu unterhalten, hat sie mich gebeten, mich um einen der beiden zu kümmern – nämlich um Mr. Frederick K. Stanthrope."

Patty seufzte. „Ich sehe eine ganze Reihe von Fortsetzungen, die bis in die ferne Zukunft reichen. Das ist ja schlimmer als die Elsie-Bücher[8]!"

8 Gemeint ist die Mädchenbuchserie über „Elsie Dinsmore" von der amerikanischen Autorin Martha Finley (1828–1909). Zwischen 1867 und 1905 erschienen 28 Bände.

7. Der Kampf mit Altenglisch

Hallo, Patty! Hast du dir heute Morgen schon das Schwarze Brett angesehen?“ rief Cathy Fair, als sie Patty eingeholt hatte. Sie kamen aus dem der dritten Vorlesungsstunde.

„Nein“, sagte Patty, „ich halte das für eine schlechte Angewohnheit. Man sieht dort zu viele unerfreuliche Dinge.“

„Ja, heute ist es wirklich unerfreulich! Miss Skelling wünscht, der Altenglisch-Kurs solle heute Nachmittag Schreibzeug mitbringen.“

Patty blieb stehen und stöhnte. „Wie furchtbar – eine Prüfung ohne ein Wort der Warnung!“

„‚Keine Prüfung‘“, zitierte Cathy, „‚nur ein kleiner Test, um zu sehen, wieviel Sie wissen‘.“

„Ich weiß nichts“, jammerte Patty, „kein verflixtes Bißchen!“

„Unsinn, Patty, du weißt mehr als alle anderen.“

„Bluff – ich bluffe nur! Ich bin gut in Literaturkritik und allgemeinen Diskussionen, deshalb merkt sie nie, daß ich kein Wort Grammatik kann!“

„Du hast noch zwei Stunden. Du kannst deinen Unterricht schwänzen und sie noch einmal durchgehen.“

„Zwei Stunden!“ sagte Patty bekümmert. „Ich brauche zwei Tage! Ich habe nie gelernt! Angelsächsische Grammatik ist etwas, das kein normaler Sterblicher behalten kann, und ich dachte, ich warte ab bis zur Prüfung."

„Ich möchte ja nicht gefühllos wirken", lachte Cathy, „aber ich würde sagen, meine Liebe, es geschieht dir recht."

„Also wirklich", sagte Patty. „Du bist genau so schlimm wie Priscilla!" Und sie trottete düster heimwärts und traf ihre Freundinnen an, die Biologie rekapitulierten und Oliven aßen.

„Auch eine?" fragte Lucille Carter. Sie hatte das Glas in der Hand und stocherte mit einer Hutnadel als Ersatz für eine Gabel darin herum.

„Nein, danke", erwiderte Patty und klang wie jemand, der des Lebens müde ist und sich den Tod wünscht.

„Was ist los?" fragte Priscilla. „Du willst doch nicht sagen, daß man dir eine Extraaufgabe aufgebrummt hat?"

„Schlimmer!" Und Patty schilderte die Tragödie.

Ein mitfühlendes Schweigen trat ein. Die anderen begriffen, daß sie vielleicht nicht unbedingt Mitleid verdiente, aber ihr das Schicksal, das ihr drohte, jeden treffen konnte.

„Du weißt, Pris", sagte Patty unglücklich, „daß ich einfach nicht durchkommen *kann*."

„Nein", sagte Priscilla besänftigend, „das glaube ich nicht."

„Ich werde durchfallen – mit Pauken und Trompeten! Miss Skelling wird mir nie wieder etwas zutrauen und mich für den Rest des Semesters jedes Stückchen Grammatik aufsagen lassen!"

„Ich finde, du solltest einfach nicht hingehen", schlug Georgie vor – das war ihrer Meinung nach die naheliegendste Methode, einer Prüfung zu entkommen.

„Das geht nicht. Ich bin Miss Skelling in der Halle begegnet – fünf Minuten, bevor der Schlag fiel. Sie weiß, daß ich am Leben bin und zur Prüfung kommen kann; außerdem ist die nächste Stunde morgen früh und ich muß die ganze Nacht büffeln oder noch einmal schwänzen."

„Warum gehst du nicht zu Miss Skelling und erklärst ihr die Lage ganz offen", schlug Lucille die Tugendhafte vor, „und bittest sie, dir ein oder zwei Tage frei zu geben? Sie würde es dir hoch anrechnen."

„Hör einer diese Unschuld an!" sagte Patty. „Was gibt es da zu erklären, wenn ich fragen darf? Ich kann ihr ja schlecht erzählen, daß ich den Stoff nicht gleich lerne, sondern es leichter finde, alles auf einmal zu pauken, wenn die Prüfung ansteht. Damit würde ich mich erst einmal bei ihr beliebt machen!"

„Es ist deine eigene Schuld", sagte Priscilla.

Patty stöhnte. „Ich habe nur darauf gewartet, daß du das sagst! Das tust du immer!"

„Es stimmt ja auch immer. Wo gehst du hin?" Denn Patty war auf dem Weg zur Tür.

„Ich gehe zu Mrs. Richards", sagte Patty, „und bitte sie, mir eine neue Stubenkameradin zuzuteilen – eine, die mich versteht und schätzt und Mitgefühl für meine Leiden aufbringt."

Patty ging düster den Flur hinunter und war in Gedanken versunken. Ihr Weg führte am Sprechzimmer der Ärztin vorbei, dessen Tür einladend offen stand. Drei oder vier Mädchen saßen darin, lachten und redeten und warteten, bis sie an der Reihe waren. Patty schaute herein und plötzlich hellte sich ihr Gesicht auf, nahm aber gleich wieder einen tief bekümmerten Ausdruck an. Sie trat ein und ließ sich seufzend in einen Lehnstuhl fallen.

„Was ist los, Patty? Du siehst so melancholisch aus!"

Patty lächelte matt. „Ganz so schlimm ist es nicht", murmelte sie, lehnte sich zurück und schloß die Augen.

„Was ist los, Patty? Was ist los, Patty?“

„Die Nächste, bitte“, sagte die Ärztin im Türrahmen, aber als sie Patty sah, ging sie zu ihr und rüttelte sie am Arm. „Ist das Patty Wyatt? Was ist los mit Ihnen, Kind?“

Patty schlug die Augen auf. „Nichts“, sagte sie, „ich bin nur etwas müde.“

„Kommen Sie herein zu mir.“

„Ich bin noch nicht an der Reihe“, widersprach Patty.

„Das spielt keine Rolle“, erwiderte die Ärztin.

Patty sank kraftlos in den Behandlungsstuhl.

„Zeigen Sie mir Ihre Zunge. Hm – sie ist nicht belegt. Ihr Puls ist regelmäßig, wenn auch vielleicht etwas fiebrig. Haben Sie hart gearbeitet?“

„Ich glaube, nicht härter als sonst“, sagte Patty wahrheitsgemäß.

„Bleiben Sie abends lange auf?“

Patty dachte nach. „Letzte Woche bin ich zwei Mal recht lange aufgeblieben“, gestand sie.

„Wenn Mädchen unbedingt bis tief in die Nacht lernen wollen, sehe ich nicht, was wir Ärzte tun können.“

Patty hielt es nicht für nötig, zu erklären, daß der Grund beide Male eine Party gewesen war, auf der es Welsh-rabbit[9] gegeben hatte. Also seufzte sie nur und schaute aus dem Fenster.

„Ist Ihr Appetit gut?“

„Ja“, sagte Patty in einem Ton, der die Worte Lügen strafte, „er scheint sehr gut zu sein.“

„Hmm“, sagte die Ärztin.

„Ich bin nur etwas müde“, fuhr Patty fort, „wahrscheinlich brauche ich nur etwas Ruhe. Vielleicht hilft ein Elixier“, schlug sie vor.

---

9 Welsh rabbit: Veraltete Bezeichnung für „Welsh rarebit“, ein Gericht aus geschmolzenem Käse mit Gewürzen und Kräutern, der heiß über eine Scheibe gerösteten Mischbrots oder auf Cracker gegeben wird.

„Sie gehen besser ein oder zwei Tage nicht zum Unterricht und ruhen sich mal richtig aus."

„O nein", sagte Patty verstört. „In unserem Zimmer wimmelt es immer so von Mädchen, daß es weniger anstrengend ist, zum Unterricht zu gehen. Außerdem kann ich gerade jetzt nicht fehlen."

„Warum nicht?" fragte die Ärztin mißtrauisch.

„Nun", sagte Patty etwas widerstrebend, „ich habe viel zu tun. Ich muß für eine Prüfung pauken und –"

Das Wort „pauken" wirkte auf die Ärztin wie ein rotes Tuch auf einen Stier. „Unsinn!" stieß sie hervor. „Ich weiß, was ich mit Ihnen machen werde. Sie gehen gleich für ein paar Tage auf die Krankenstation –"

„Oh, Frau Doktor!" bettelte Patty mit Tränen in den Augen. „Ich habe wirklich nichts – und ich muß an der Prüfung teilnehmen."

„Was für eine Prüfung ist das?"

„Altenglisch – bei Miss Skelling."

„Ich gehe selbst zu Miss Skelling", sagte die Ärztin, „und erkläre ihr, daß Sie die Prüfung erst ablegen können, wenn Sie wieder gesund sind. Und nun", fügte sie hinzu und notierte sich Pattys Fall, „verlege ich Sie auf die Krankenstation, und Sie kurieren sich aus. Sie bekommen Hühnersuppe und Eiweiß, dann sehen wir, ob Ihr Appetit zurückkommt."

„Danke schön", sagte Patty mit der resignierten Miene desjenigen, der sich mit dem Unvermeidlichen abgefunden hat.

„Ich freue mich, daß Sie sich für Ihre Arbeit interessieren", sagte die Ärztin freundlich, „aber Sie müssen immer bedenken, meine Liebe, daß Gesundheit das Wichtigste ist."

Patty ging wieder ins Arbeitszimmer und führte einen spontanen Tanz auf.

„Was ist los?" rief Priscilla. „Bist du verrückt?"

„Nein“, sagte Patty, „nur krank.“Und sie ging in ihr Schlafzimmer und fing an, Sachen in einen Koffer zu stopfen.

Priscilla stand in der Tür und sah entgeistert zu. „Geht es nach New York?“ fragte sie.

„Nein“, sagte Patty, „auf die Krankenstation.“

„Patty Wyatt, du bist eine elende kleine Heuchlerin!“

„Ganz und gar nicht“, sagte Patty vergnügt. „Ich habe nicht darum gebeten, aber die Ärztin hat darauf bestanden. Ich habe ihr gesagt, daß ich eine Prüfung habe, aber sie sagte, das spiele keine Rolle, Gesundheit sei das Wichtigste.“

„Was ist in der Flasche?“ fragte Priscilla.

„Das ist für meinen Appetit“, sagte Patty grinsend, „die Ärztin hofft, daß er dadurch besser wird. Ich wollte sie nicht entmutigen, aber ich glaube nicht daran.“ Sie ließ eine Altenglisch-Grammatik und eine Ausgabe von „Beowulf“ in ihre Tasche fallen.

„Sie werden dir nicht erlauben, zu lernen“, sagte Priscilla.

„Ich werde nicht um Erlaubnis fragen“, sagte Patty. „Wiedersehen! Sag den Mädchen, daß sie bei Gelegenheit vorbeischauen und mich im Gefängnis besuchen sollen. Besuchszeit ist von fünf bis sechs.“ Sie steckte den Kopf wieder ins Zimmer. „Wenn mir jemand Veilchen schicken will – ich glaube, die würden mich aufheitern!“

Am nächsten Nachmittag erschienen Georgie und Priscilla auf der Krankenstation und trafen in der Tür auf die gestrenge Oberschwester. „Ich werde nachsehen, ob Miss Wyatt wach ist“, sagte sie skeptisch, „aber ich fürchte, Sie werden sie aufregen. Sie braucht absolute Ruhe.“

„O nein, wir tun ihr gut“, protestierte Georgie und die beiden Mädchen trippelten auf den Zehenspitzen der Schwester hinterher.

Die Krankenstation war ein großes, luftiges Zimmer, in Grün und Weiß eingerichtet, mit vier oder fünf Betten, alle mit Pfosten aus Messing und Vorhängen. Patty lag in einem Bett nah am Fenster, mehrere Kissen im Rücken, das Haar hing ihr zerzaust ins Gesicht und neben ihr stand ein Tisch mit Blumen und Arzneiflaschen. Diese Requisiten waren so sehr mit Krankheit verbunden, daß die Besucherinnen sofort das Schlimmste befürchteten. Priscilla rannte zu ihrer invaliden Stubenkameradin und sank auf die Knie.

„Patty“, fragte sie besorgt, „wie geht es dir?“

Ein engelhaftes Lächeln überzog Pattys Gesicht. „Ich konnte heute ein wenig essen“, sagte sie.

„Patty, du bist ein unverschämter Pharisäer! Wer hat dir die Veilchen mitgebracht? ‚Mit Liebe von Lady Clara de Vere‘ – Gott segne diesen Frischling! Und du hast jeden Tropfen Alkohol geliehen, den das arme Kind hatte. Und von wem sind die Rosen? Miss Skelling! Patty, du solltest dich schämen!“

Patty hatte den Anstand, leicht zu erröten. „Es war mir etwas peinlich“, gab sie zu, „aber dann dachte ich daran, wie traurig sie gewesen wäre, wenn sie herausgefunden hätte, wie wenig ich wußte, und wie froh sie sein wird, wenn sie sieht, wie viel ich jetzt weiß – und das hat mein Gewissen beruhigt.“

„Hast du gelernt?“ fragte Georgie.

„Gelernt?“ Patty hob den Zipfel ihres Kissens und zeigte ein blaues Buch. „Noch zwei Tage damit und ich bin die wichtigste Expertin für angelsächsische Wortstämme in ganz Amerika!“

„Wie hast du das geschafft?“

„Oh“, sagte Patty, „wenn Schlafenszeit ist, lege ich mich hin und mache die Augen zu. Dann schleichen sie auf Zehenspitzen vorbei, sehen mich an, flüstern: ‚Sie schläft' und ziehen vorsichtig die Bettvorhänge zu. Und danach hole ich das Buch heraus und pauke zwei Stunden unregelmäßige Verben und schlafe immer noch, wenn sie nach mir sehen. Sie wundern sich sehr darüber, wie viel ich schlafe. Ich habe gehört, wie die Schwester zur Ärztin sagte, sie glaube, ich hätte einen Monat lang keinen Schlaf bekommen. Und am schlimmsten ist", fügte sie hinzu, „daß ich wirklich müde bin, ob ihr es glaubt oder nicht. Ich würde am liebsten hier bleiben und den ganzen Tag schlafen, wenn ich mir nicht solche Sorgen wegen der Grammatik machen würde."

„Arme Patty!" lachte Georgie. „Sie macht sich selbst genau so viel vor wie dem ganzen College."

Am Freitagmorgen kehrte Patty in die Welt zurück.

„Wie geht es mit Altenglisch?" fragte Priscilla.

„Sehr gut, danke. Es war eine echte Plackerei, aber ich glaube, ich kann die Grammatik auswendig – vom Vorwort bis zum Stichwortverzeichnis."

„Du bist nun in allen anderen Fächern zurückgefallen. Meinst du, das hat sich gelohnt?"

„Das wird man sehen", lachte Patty.

Sie klopfte bei Miss Skelling an die Tür und trug nach der ersten höflichen Begrüßung ihr Anliegen vor: „Wenn es Ihnen recht ist, würde ich gern die Prüfung machen, die ich versäumt habe."

„Fühlen Sie sich imstande, sie heute zu machen?"

„Ich fühle mich heute viel besser dazu imstande als am Dienstag."

Miss Skelling lächelte freundlich. „Sie haben dieses Semester sehr gute Arbeit in Altenglisch geleistet, Miss Wyatt, und ich würde gar keine Prüfung von Ihnen verlangen, wenn es nicht ungerecht gegenüber den anderen wäre."

„Ungerecht gegenüber den anderen?" Patty sah etwas ratlos aus, denn an diesen Aspekt hatte sie noch nicht gedacht. Ihr Gesicht rötete sich langsam. Sie zögerte einen Moment und stand dann unbeholfen auf. „Wenn wir das in Betracht ziehen, Miss Skelling", gestand sie, „fürchte ich, es wäre ungerecht der Klasse gegenüber, wenn ich die Prüfung mache."

Miss Skelling verstand nicht. „Aber Miss Wyatt", sagte sie und klang verwirrt, „es war nicht schwierig. Ich bin sicher, daß Sie bestehen würden."

Patty lächelte. „Da bin ich mir auch sicher, Miss Skelling. Ich glaube nicht, daß Sie mir eine Frage stellen würden, die ich nicht beantworten könnte. Aber der Punkt ist, daß ich alles erst seit Dienstag gelernt habe. Die Ärztin war einer kleinen Täuschung erlegen – unter den Umständen nur zu verständlich –, als sie mich auf die Krankenstation schickte, und ich habe meine Zeit dort mit Lernen verbracht."

„Aber Miss Wyatt, das ist äußerst ungewöhnlich. Ich weiß nicht, welche Note ich Ihnen geben soll", murmelte Miss Skelling und klang gequält.

„Oh, geben Sie mir eine Sechs", sagte Patty vergnügt. „Es macht gar nichts – ich weiß so viel, daß ich die Abschlußprüfung bestehen werde. Auf Wiedersehen; es tut mir leid, daß ich Ihnen Schwierigkeiten gemacht habe." Und sie schloß die Tür und ging nachdenklich heimwärts.

„Hat es geklappt?" fragte Priscilla.

Patty lachte und murmelte leise:

The King of France rode up the hill
with full ten thousand men;

The King of France did gain the top,
and then rode down again.[10]

„Wovon redest du?“ fragte Priscilla.

„Altenglisch“, sagte Patty. Sie setzte sich an ihren Tisch und begann mit der Arbeit für die Fächer, die drei Tage lang liegengeblieben war.

10 „Der König von Frankreich ritt mit zehntausend Mann den Hügel hinauf, / Der König von Frankreich erreichte die Spitze und ritt wieder hinunter.“

8. Roberts Tod

Es war zehn Uhr. Patty hatte gerade ihren Ethik-Text zum dritten Mal gelesen, ohne ihn zu verstehen, und dann schläfrig verkündet „Ich muß mich auf meine Inspiration verlassen; ich verstehe den Grundsatz nicht“, als ein Klopfen an der Tür ertönte. Ein Dienstmädchen erschien und sagte: „Mrs. Richards möchte Miss Wyatt sehen.“

„Um diese Uhrzeit!“ rief Patty entsetzt. „Dann muß es etwas Ernstes sein. Denk nach, Priscilla! Was habe ich in letzter Zeit getan, wofür mich die Direktorin um zehn Uhr abends rufen läßt? Du glaubst doch nicht, daß ich suspendiert oder oder relegiert oder hinausgeworfen oder so etwas werde, nicht wahr? Mir fällt wirklich nichts ein, das ich ausgefressen habe!“

„Es ist ein Telegramm“, sagte das Dienstmädchen mitfühlend.

„Ein Telegramm?“ Patty wurde blaß und verließ das Zimmer ohne ein weiteres Wort.

Priscilla und Georgie saßen auf dem Sofa und sahen sich besorgt an. Alle normalen Telegramme gingen direkt an die Studentinnen. Sie wußten, daß etwas Ernstes passiert sein mußte, wenn es an die Direktorin geschickt worden war.

Georgie stand auf und ging unbehaglich auf und ab. „Soll ich lieber gehen, Pris?“ fragte sie. „Ich glaube, Patty möchte lieber allein sein, wenn etwas passiert ist.

Aber wenn sie nach Hause fährt und heute Abend ihren Koffer packen muß, sag mir Bescheid – dann komme ich, um zu helfen.“

Sie standen eine Weile in der Tür und sprachen leise miteinander, und als Georgie sich zum Gehen wandte, hörten sie plötzlich Pattys Schritte im Flur. Sie kam mit einem sonderbaren Lächeln auf den Lippen herein und setzte sich aufs Sofa.

„Die Direktorin hat es wirklich geschafft, das Erschrecken von Leuten zu einer Kunst zu erheben“, sagte sie. „Ich hatte noch nie im Leben solche Angst. Ich dachte, meine ganze Familie sei mindestens von einem Erdbeben verschlungen worden.“

„Was war denn los?“ fragten Georgie und Priscilla wie aus einem Mund.

Patty glättete ein zerknülltes Telegramm auf ihrem Knie und die Mädchen schauten ihr über die Schulter und lasen:

> Robert ist heute Morgen um zehn an einer Überdosis Chloroform gestorben. Beerdigung morgen.
>
> Thomas M. Wyatt.

„Thomas M. Wyatt“, sagte Patty grimmig, „ist mein kleiner Bruder Tommy und Robert ist die Abkürzung für Bobby Shafto – so hieß Tommys Bulldogge, den häßlichsten und aggressivsten Hund, den je eine ehrenwerte Familie aufgenommen hat.“

„Aber warum in aller Welt hat er telegrafiert?“

„Es ist ein Witz“, sagte Patty und schüttelte bekümmert den Kopf. „Das Witzemachen liegt in der Familie und wir haben die Neigung alle geerbt. Mein Vater hat einmal – aber wie mein Freund Kipling sagt: Das ist eine andere Geschichte. Wißt ihr, dieser Hund – dieser Robert Shafto – hat über ein Jahr lang all meine Ferien verdorben. Er hat mein Kätzchen totgebissen und meinen venezianischen Spitzenkragen gefressen – und davon nicht einmal Verdauungsbeschwerden bekommen. Er hat sich draußen im Matsch gewälzt und sich danach in mein Bett gelegt. Er hat das Beefsteak zum Frühstück gestohlen und die Radiergummis und Türvorleger des ganzen Viertels. Die Häuser in der Straße sanken im Wert, denn potentielle Käufer lehnten ab, solange Tommy Wyatt einen Hund hatte. Robert wurde ein ums andere Mal mit dem Tod bedroht, aber Tommy schaffte es immer wieder, ihn aus der Schußlinie zu nehmen, bis sich die Aufregung gelegt hatte. Aber dieses Mal, vermute ich, hat er wohl etwas Ungeheuerliches angestellt – wahrscheinlich hat er das Baby angeknabbert oder einen der Perserteppiche meines Vaters gefressen oder etwas in der Art. Und Tommy – er weiß ja, wie ich das Biest verabscheut habe – dachte offenbar, es sei ein guter Witz, mir ein Telegramm zu schicken, auch wenn ich nicht begreife, was die Pointe sein soll."

„Ah, ich verstehe", sagte Georgie, „und Mrs. Richards dachte, dieser Robert sei ein Verwandter! Was hat sie gesagt?"

„Sie sagte ‚Kommen Sie herein, liebe Patty', als ich anklopfte. Sonst hat sie mich – wenn ich die Ehre hatte, von ihr empfangen zu werden – immer etwas kühl ‚Miss Wyatt' genannt. Mir zitterten die Knie, als ich dieses ‚liebe Patty' hörte, und sie nahm meine Hand und sagte: ‚Ich muß Ihnen leider mitteilen, daß ich schlechte Nachrichten über Ihren Bruder habe.'

‚Tommy?' keuchte ich.

‚Nein – Robert.'

Ich war verwirrt. Ich zermarterte mir das Hirn, konnte mich aber an keinen Bruder namens Robert erinnern.

‚Er ist sehr krank', fuhr sie fort. ‚Ja, ich muß Ihnen die Wahrheit sagen, Patty; der arme kleine Robert ist heute Morgen gestorben‘, und sie legte mir das Telegramm hin. Dann begriff ich mit einem Schlag, was es bedeutet, und ich war so erleichtert, daß ich den Kopf auf ihren Tisch sinken ließ und einfach Tränen lachte – und sie dachte, ich würde weinen, und streichelte mir den Kopf und zitierte Psalmen. Nun ja, ich wagte nicht, ihr die Wahrheit zu sagen, nachdem sie so viel Mitgefühl gezeigt hatte. Als ich endlich aufhören konnte zu lachen (es dauerte eine Weile, denn ich war richtig in Fahrt), hob ich den Kopf und sagte ihr – ich wollte einerseits ehrlich sein, sie aber andererseits auch nicht kränken – , daß Robert kein Bruder von mir sei, sondern nur eine Art Freund. Und sie kam sofort zu dem Schluß, er sei mein Verlobter, und strich mir wieder über den Kopf und murmelte, es sei manchmal schwerer, Freunde zu verlieren als Angehörige, aber ich sei noch jung und es dürfe nicht mein Leben ruinieren, und in der Zukunft, wenn der Schmerz nachgelassen hätte, würde vielleicht – und dann fiel ihr wohl ein, daß es kein hilfreicher Rat war, mir einen neuen Verlobten zu suchen, bevor ich den alten begraben hatte. Sie hielt jäh inne und fragte, ob ich zur Beerdigung nach Hause fahren wolle.

Ich sagte nein – daß ich es nicht für das Beste hielte – und sie sagte, die Verlobung sei ja noch nicht offiziell gewesen – und sie küßte mich und sagte, sie sei froh, daß ich es so tapfer trage.“

„Patty!“ rief Priscilla entsetzt. „Das ist ja schrecklich! Wie konntest du sie nur in dem Glauben lassen –?“

„Was konnte ich dafür?“ fragte Patty empört. „Erst habe ich einen solchen Schreck bekommen, daß ich hysterisch geworden bin, dann wurde mir ohne Vorbereitung ein wildfremder Verlobter präsentiert! Ich finde, daß ich die Situation mit besonderem Takt gemeistert habe! Meint ihr, es wäre feinfühliger gewesen, ihr zu sagen, daß es nur eine Bulldogge war, für die sie aus der Heiligen Schrift zitierte?"

„Ich finde nicht, daß es deine Schuld war", gestand Georgie.

„Danke", sagte Patty, „wenn du einen Bruder wie Tommy Wyatt hättest, würdest du mich bedauern. Wahrscheinlich sollte ich dankbar sein, daß der Hund tot ist, aber man hätte es mir wirklich nicht so schonend beibringen sollen."

„Patty", rief Priscilla, der plötzlich etwas eingefallen war, „weißt du nicht mehr, daß du im Empfangskommittee des Balls bist, den der Theaterklub morgen Abend gibt? Was wird Mrs. Richards denken, wenn sie dich im Abendkleid auf einem Empfang sieht – an dem Tag, an dem dein Verlobter beerdigt wurde?"

„Das frage ich mich auch"", sagte Patty skeptisch. „Meint ihr, daß ich wegbleiben sollte? Und das, nachdem ich bienenfleißig Dekorationen aus Seidenpapier dafür gemacht habe – ich soll es versäumen, nur weil die Bulldogge meines Bruders, die ich nicht einmal mochte, tot ist? Ich gehe hin", fügte sie zu und ihre Miene hellte sich auf, „und empfange die Gäste mit einem gezwungenen, mechanischen Lächeln – und jedes Mal, wenn die Direktorin mich ansieht, werde ich mit den Tränen kämpfen und sie wird sich sagen: ‚Was für ein tapferes Mädchen! Wie sehr sie sich bemüht, der Welt gefaßt entgegenzutreten! Niemand würde auf die Idee kommen, daß dieses strahlende Geschöpf, das nach außen hin so fröhlich wirkt, in Wahrheit einen nagenden Schmerz verbirgt.'"

9. Patty als Trösterin

Die Halbjahresprüfungen standen bevor und im College herrschte düstere Stimmung. Die Pflichtbewußten, die das ganze Jahr über gearbeitet hatten, arbeiteten härter denn je, und die Leichtfertigen, die die Zeit vertrödelt hatten, paukten so fieberhaft, daß ihre Köpfe im entscheidenden Moment völlig leer sein würden. Aber Patty tat nichts. Es gehörte zu ihrer College-Philosophie, die sie sich in dreieinhalb Jahren Erfahrung angeeignet hatte, daß der Tag vor den Prüfungen nicht die Zeit ist, zu der man anfangen sollte zu lernen. Entweder hatte man den Dozenten mit intelligentem Interesse am Fach beeindruckt oder nicht, und stand das Ergebnis so fest, als stünden die Noten schon Schwarz auf Weiß in den Annalen des Colleges. Und so vernachlässigte Patty gewissenhaft die „gründliche Wiederholung", die empfohlen worden war.

Ihre Freundinnen hatten vielleicht ähnliche Ansichten, waren aber weniger konsequent. Sie unterwarfen sich dem, was als „gewöhnliche Frischlings-Paukerei" bekannt war, und niemand hatte Zeit, mit Patty zu reden oder ihr etwa zu essen zu machen. So war es eine ungemütliche Zeit für sie. Ihre eigene Stubenkameradin vertrieb sie sogar aus dem Arbeitszimmer, weil sie laut über das Buch lachte, das sie gerade las. So streifte sie als Exilantin zu den Arbeitszimmern ihrer Freundinnen und stieß an jeder Tür auf ein „Beschäftigt“-Schild. Sie saß auf einer Fensterbank im Flur und grübelte über die Sinnlosigkeit des Lebens, als ihr plötzlich ihre Freundinnen einfielen – die Frischlinge in Zimmer 321. Sie hatte sie eine ganze Weile nicht mehr besucht und Frischlinge sind in diesem Zeitraum meistens interessant. Also ging sie den Flur hinunter, der zu Zimmer 321 führte. An der Tür stand „Wirklich beschäftigt – für jedermann!!“ in drei Zoll hohen Buchstaben. Das versprach gute Unterhaltung und Pattys Brust entrang sich ein Seufzer der Enttäuschung, der so laut war, daß man ihn im Zimmer hören konnte.

Das Blättern und Rascheln von Papier verstummte. Offenbar horchten sie, gaben aber keinen Laut von sich. Patty schrieb eine Notiz auf den Zettel an der Tür und zog sich dann geräuschvoll zurück. Einen Augenblick später schlich sie auf den Zehenspitzen wieder zurück und lehnte sich an die Wand. Die Neugier siegte – die Tür ging auf und ein Gesicht, das abgehetzt aussah, schaute heraus.

„Oh, Patty Wyatt, bist du das?“ fragte sie. „Wir dachten, es wäre Frances Stoddard, die sich Geometrie erklären lassen will, deshalb haben wir nichts gesagt. Komm rein!“

„Himmel, nein! Ich fürchte, ihr seid sehr beschäftigt.“

Der Frischling packte sie am Arm. „Patty, wenn du uns gern hast, komm rein und heitere uns auf! Uns ist so bange, daß wir nicht wissen, was wir tun sollen!“

Patty ließ sich über die Schwelle ziehen. „Ich will euch nicht stören“, protestierte sie, „wenn ihr zu tun habt.“

In dem Zimmer saßen drei Mädchen mit zerfurchten Gesichtern.

Patty lächelte gütig. „Wo ist Lady Clara Vere de Vere?“ fragte sie. „Sie verschwendet doch nicht diese kostbaren letzten Momente mit leichtfertigen Vergnügungen?“

„Sie ist in ihrem Schlafzimmer – mit einem Geometriebuch in der einen Hand und einer griechischen Grammatik in der anderen und versucht, beides gleichzeitig zu lernen.“

„Sagt ihr, sie soll herkommen, ich will ihr einen guten Rat geben!“ Und Patty setzte sich aufs Sofa und sah sich mit einem genießerischem Lächeln in dem Zimmer um, das von Wörterbüchern übersät war.

„Oh, Patty, ich bin so froh, dich zu sehen!“ rief Lady Clara aus, die gerade im Türrahmen erschien. „Die Leute aus dem zweiten Jahr haben uns solche Schauergeschichten über die Prüfungen erzählt. Die stimmen doch nicht, oder?“

„Bewahre, nein! Glaubt kein Wort von dem, was die aus dem zweiten Jahr euch erzählen. Sie waren ja selbst letztes Jahr Frischlinge, und wenn die Prüfungen so schlimm gewesen wären, wie sie behaupten, hätten sie sie nie bestanden!“

Erleichterung malte sich auf den drei Gesichtern.

„Du bist eine gute Trösterin, Patty. Wer fast fertig ist, nimmt die Dinge leicht, nicht wahr?“

„Irgendwann ist man abgehärtet, und es erschüttert einen nichts mehr“, sagte Patty. „Prüfungen sind sogar unterhaltsam, wenn man die richtigen Antworten weiß.“

„Aber wir wissen die richtigen Antworten ja nicht!“ jammerte eine der Frischlinge, und ihre Panik kehrte zurück. „Wir wissen einfach gar nichts, und morgen ist Latein an der Reihe und übermorgen Geometrie.“

„Oh, nun ja, in dem Fall kommt ihr sowieso nicht durch, also macht euch keine Sorgen. Ihr müßt es gelassen nehmen.“ Patty machte es sich zwischen den Kissen bequem und lächelte ihre besorgten Zuhörerinnen ungerührt an. „Ich gebe euch ein Beispiel dafür, daß es keinen Sinn hat, in letzter Minute zu büffeln, wenn man während des Semesters nichts getan hat – die Erfahrung habe ich im ersten Jahr mit Griechisch gemacht. Ich war schlecht vorbereitet, als ich herkam, habe während des Semesters nicht gelernt, und ohne Übertreibung, ich wußte nichts. Drei Tage vor der Prüfung wurde ich mir der Situation bewußt und fing an, die Grammatik in Riesenbissen zu verschlingen. Ich trank schwarzen Kaffee, um wach zu bleiben, paukte bis zwei Uhr morgens und hielt kaum zu den Mahlzeiten inne. Ich dachte und träumte auf Griechisch! Und ob ihr es glaubt oder nicht – nach all der Arbeit bin ich in Griechisch durchgefallen! Das hat meinen Glauben an das Lernen für Prüfungen erschüttert. Ich habe es danach nie mehr getan – und bin nie wieder durchgefallen. Ich denke, es ist einfach Schicksal, ob man durchkommt oder nicht, also mache ich mir keine Gedanken mehr deswegen."

Die Frischlinge sahen einander niedergeschlagen an. „Wenn sowieso schon alles feststeht, sind wir verloren!"

Patty lächelte beschwichtigend.

> A little flunking now and then
> Will happen to the best of men.[11]

„Aber ich habe gehört, daß Leute nach Hause geschickt werden – und das College verlassen müssen, wenn sie zu viele Prüfungen vergeigen. Stimmt das?" fragte Lady Clara mit gedämpfter Stimme.

„O ja", sagte Patty, „es geht nicht anders. Ich habe einige der aufgewecktesten Mädchen gekannt, die gehen mußten."

Lady Clara stöhnte. „Ich bin furchtbar schlecht in Geometrie, Patty. Fallen in diesem Fach viele durch?"

„O ja!" sagte Patty wieder. „Allein das Schreiben der Benachrichtigungen dauert zwei Tage!"

---

11 Ein wenig Durchfallen dann und wann,
das passiert dem besten Mann.

„Ist die Prüfung sehr schwer?“

„Ich kann mich kaum daran erinnern. Es ist so lange her, daß ich Frischling war. Sie haben die schwierigsten Lehrsätze ausgewählt – Dinge, die man gar nicht zeichnen konnte – zum Beispiel die Pyramide, die in Scheiben geschnitten ist – ich weiß den Namen nicht mehr – und die Figur, die aussieht wie eine Schnecke, die aus ihrem Haus kriecht – ich glaube, der Fachausdruck ist ‚Sarg des Teufels‘. Und – o ja! Es kommen auch Sachen dran, die man noch nie gesehen hat, und ganz oben auf der Seite steht die Anweisung, diese Aufgaben zuerst zu bearbeiten. Und wenn man versucht, schnell zu denken, kommt man so durcheinander, daß man gar nicht mehr denken kann. Ich kenne ein Mädchen, daß die ganzen zwei Stunden damit verbracht hat, und als ihr gerade die Erleuchtung kam, klingelte es und sie mußte ihre Klausur abgeben.“

„Und was ist passiert?“

„Oh, sie ist durchgefallen. Man kann es dem Dozenten nicht vorwerfen, daß er nicht zwischen den Zeilen gelesen hat, denn es waren gar keine Zeilen da. Aber es war doch ein Jammer, denn das Mädchen wußte eine Menge – sie konnte es nur nicht ausdrücken.“

„So geht es mir auch!“

„Ah, so geht es vielen Leuten.“

Eine Stille trat ein und die Frischlinge sahen sich unglücklich an.

„Aber das Leben geht weiter, auch wenn man in Mathe durchfällt“, fuhr Patty aufmunternd fort. „Andere haben es auch geschafft.“

„Wenn es nur Geometrie wäre – aber wir haben Angst vor Latein!“

„Oh, Latein! Es lohnt sich nicht, dafür zu lernen, denn man kann unmöglich alles lesen – und wenn man sich eine Stelle heraussucht, ist es sicher nicht die, in der man geprüft wird. Am besten sagt man Zaubersprüche auf, schlägt dann das Buch mit geschlossenen Augen auf und lernt die Seite, die man aufgeschlagen hat. Und falls ihr dann nicht besteht – was wohl der Fall sein wird –, könnt ihr sagen, es sei Schicksal. In meinem Frischlingsjahr mußten wir, wenn ich mich richtig erinnere, einen Essay von Emerson[12] ins Lateinische übersetzen und wir verstanden ihn nicht einmal auf Englisch."

Die drei sahen sich wieder an.

„Das könnte ich nicht!"

„Ich auch nicht!"

„Ich auch nicht!"

„Das kann niemand", sagte Patty.

„Wir können in Latein und Mathe durchfallen, aber wenn wir in noch einem Fach durchfallen, sind wir erledigt!"

„Das will ich glauben", sagte Patty.

„Und ich stehe sehr wacklig in Deutsch."

„Und in Französisch."

„Und in Griechisch."

„Über Deutsch weiß ich nichts", sagte Patty. „Ich habe nie Deutsch gelernt. Aber ich erinnere mich, was ich Priscilla sagen hörte – die Prüfungsbögen kamen nicht rechtzeitig aus dem Druck und Fräulein Scherin, die eine schreckliche Klaue hat, hat die Fragen in deutscher Schreibschrift an die Tafel geschrieben, und niemand konnte sie auch nur lesen! In Französisch, glaube ich, war die erste Aufgabe, die Marseillaise niederzuschreiben – es sind sieben Strophen, und niemand hatte sie gelernt – und die Marseillaise ist etwas, das man nicht einfach so aus dem Stegreif zusammenphantasieren kann. Und was Griechisch betrifft, so habe ich euch ja meine Erfahrungen geschildert; ich bin sicher, daß es nichts Schlimmeres gibt."

12 Ralph Waldo Emerson (1803 – 1882), amerikanischer Philosoph und Schriftsteller.

Die Frischlinge sahen sich hoffnungslos an. „Es bleiben nur noch Englisch und Biologie und Biblische Geschichte."

„Über Englisch kann ich euch nichts sagen", sagte Patty. „Vielleicht müsst ihr ein heroisches Gedicht in Jamben schreiben – falls ihr wißt, was das ist –, vielleicht auch nicht. Verlaßt euch auf eure Phantasie, denn lernen kann man dafür nicht."

„Ich hoffe", seufzte Lady Clara, „daß ich Hygiene und Biblische Geschichte bestehe, aber da sie jeweils nur als eine Stunde zählen, bringt es wohl nicht viel."

„Ihr dürft nicht zu optimistisch sein", sagte Patty. „Es ist reine Glückssache. Der Hygiene-Kurs ist so groß, daß der Professor keine Zeit hat, die Ergebnisse durchzulesen. Er überfliegt einfach die Liste und läßt jedes dreizehnte Mädchen durchfallen. Bei der Bibelgeschichte bin ich nicht ganz sicher, aber ich glaube, er macht es auch so. Ich weiß nämlich noch, daß ich in meinem Frischlingsjahr einen Fehler gemacht habe – ich habe meine Karte des Heiligen Landes, die ich mit farbiger Kreide gemalt hatte, dem Hygiene-Professor gegeben und meine Zeichnung des Verdauungssystems dem Religionslehrer – und keiner der beiden hat etwas gemerkt. Die beiden Gemälde sahen sich recht ähnlich, aber nicht so sehr, daß man sie nicht hätte unterscheiden können. Ich kann nur sagen: Ich hoffe, daß keine von euch Nummer Dreizehn sein wird."

Die Frischlinge starrten sich sprachlos vor Entsetzen an, und Patty stand auf. „Nun, auf Wiedersehen, Kinder, und vor allem: Macht euch keine Sorgen. Ich freue mich, daß ich euch etwas aufheitern konnte, denn es ist so wichtig, nicht nervös zu sein. Glaubt nicht an die albernen Geschichten, die die Leute aus dem zweiten Jahr erzählen", rief sie noch über die Schulter, „die wollen euch nur Angst einjagen!"

10. „Per l'Italia"

Das College ist mehr oder weniger ein Ort der Selbstsucht. Jede ist so mit ihren eigenen Angelegenheiten beschäftigt, daß sie keine Zeit für ihre Nächste hat, es sei denn, die Nächste erbringt eine Gegenleistung.

Olivia Copeland hatte offenbar keine Gegenleistungen zu bieten. Sie war still und unauffällig und man mußte ein zweites Mal hinsehen, um zu erkennen, daß ihr Gesicht faszinierend war und ihre Augen einen Ausdruck hatten, den andere Frischlinge nicht hatten. Durch einen unglücklichen Zufall landete sie im gleichen Arbeitszimmer wie Lady Clara de Vere und Emily Washburn. Sie fanden sie seltsam, sie wiederum fand sie ruppig und laut, und nach ein oder zwei Wochen höflicher Versuche, miteinander vertraut zu werden, gaben es beide Seiten auf.

Das Jahr nahm seinen Fortgang, und niemand wußte – oder niemand nahm Notiz davon –, daß Olivia Copeland Heimweh hatte und unglücklich war. Ihre Stubenkameradinnen dachten, daß sie ihre Pflicht erfüllt hätten, wenn sie sie dann und wann fragten, ob sie mit zum Golfspielen oder Schlittschuhlaufen wollte (es war ungefährlich, denn sie konnte keins von beidem). Ihre Dozenten meinten, daß sie ihre Pflicht getan hätten, wenn sie sie nach dem Unterricht zu sich riefen und sie ermahnten, daß ihre Arbeit nicht so gut sei wie sonst und sie sich, wenn sie bestehen wolle, verbessern müsse.

Nur in Englisch bekam sie keine Verwarnung, aber sie konnte nicht wissen, daß ihre Aufsätze unter den Dozenten weitergereicht wurden und man von ihr als „der bemerkenswerten Miss Copeland“ sprach. Nach einer Theorie des Kollegiums würde ein Mädchen, das wußte, daß es gute Arbeit leistete, sofort anfangen zu faulenzen und sich auf seinen Lorbeeren ausruhen. Also erfuhr Olivia nicht, daß sie bemerkenswert war. Sie merkte nur, daß sie unglücklich und fehl am Platz war, und weinte vor Heimweh, wenn sie das Bild einer italienischen Villa ansah, das über ihrem Schreibtisch hing.

Patty Wyatt entdeckte sie als erste. Patty war aus irgendeinem Grund (wahrscheinlich, um sich Alkohol zu leihen) in das Zimmer der Frischlinge gekommen und hatte einen Stapel englischer Aufsätze in die Hand genommen, die auf dem Tisch lagen.

„Von wem sind die? Macht es dir etwas aus, wenn ich sie mir ansehe?“ fragte sie.

„Nein, du kannst sie lesen, wenn du willst“, sagte Lady Clara. „Sie sind von Olivia, aber sie hat sicher nichts dagegen.“

Patty blätterte die Seiten gleichgültig durch, bis ihr plötzlich ein Titel ins Auge stach. Sie blickte interessiert auf. „‚Die Korallenfischer von Capri‘! Was in aller Welt weiß Olivia Copeland über die Korallenfischer von Capri?“

„Oh, sie hat irgendwo dort in der Nähe gewohnt – in Sorrent“, sagte Lady Clara ohne großes Interesse.

„Olivia Copeland hat in Sorrent gelebt?“ Patty starrte sie an. „Warum hast du mir das nicht erzählt?“

„Ich dachte, du wüßtest es. Ihr Vater ist Künstler oder etwas in der Richtung. Sie hat ihr ganzes Leben in Italien verbracht, deshalb ist sie so seltsam.“

Patty hatte einmal eine sonnige Woche in Sorrent verbracht, und die Erinnerung daran war berauschend. „Wo ist sie?“ fragte sie aufgeregt. „Ich möchte mit ihr reden.“

„Ich weiß nicht, wo sie ist. Wahrscheinlich geht sie spazieren. Sie geht immer allein spazieren und spricht mit niemandem, und wenn wir sie auffordern, etwas Vernünftiges zu machen – zum Beispiel Golf oder Basketball –, verkriecht sie sich im Haus und liest Dante auf Italienisch. Stell dir das mal vor!“

„Sie muß interessant sein!“ sagte Patty überrascht und wandte sich wieder den Aufsätzen zu. „Ich finde, die sind großartig!“ rief sie.

„Etwas merkwürdig, finde ich“, sagte Lady Clara. „Aber einer ist ganz lustig. Er wurde in der Klasse vorgelesen – über einen Bauern, der seinen Esel verloren hat. Ich suche ihn dir heraus“, und sie durchforstete den Stapel.

Patty las den Aufsatz mit ernster Miene durch und Lady Clara sah ihr etwas enttäuscht zu. „Findest du ihn nicht gut?“ fragte sie.

„Doch, ich glaube, es ist einer der besten Texte, die ich je gelesen habe.“

„Du hast nicht einmal gelächelt!“

„Mein liebes Kind, es ist nicht lustig!“

„Nicht lustig? Die ganze Klasse hat sich ausgeschüttet vor Lachen!“

Patty zuckte die Schultern. „Eure Wertschätzung war sicher sehr erfreulich für Olivia. Und es ist schon Februar, und ich habe kaum mit ihr gesprochen!“

Am nächsten Nachmittag kam Patty von einer Vorlesung nach Hause, als sie Olivia Copeland auf dem Campus erspähte. Olivia ging in Richtung Pine Bluff und wollte sich offenbar auf einen einsamen Spaziergang begeben.

„Olivia Copeland, warte einen Moment“, rief Patty. „Willst du einen Spaziergang machen? Darf ich mitkommen?“ fragte sie, als sie sie keuchend einholte.

Olivia stimmte sichtlich erstaunt zu, und Patty schritt neben ihr her. „Ich habe gestern erfahren, daß du in Sorrent lebst und wollte mit dir reden. Ich war selbst einmal dort und finde, daß es der schönste Flecken Erde überhaupt ist!“

Olivias Augen leuchteten auf. „Wirklich?“ japste sie. „Oh, wie ich mich freue!“

Und ehe sie sich versah, erzählte sie Patty die ganze Geschichte – daß sie aufs College gegangen war, um ihrem Vater eine Freude zu machen, und wie sehr sie Italien liebte und Amerika haßte, und was sie nicht erzählte – von ihrer Einsamkeit und ihrem Heimweh –, konnte Patty sich denken.

Sie begriff, daß Olivia ein besonderes Mädchen war, und sie beschloß, sich um sie zu kümmern und dafür zu sorgen, daß sie sich im College wohl fühlte.

Aber eine Studentin im letzten Jahr hat viel zu tun. In den nächsten ein oder zwei Wochen sah Patty Olivia nur selten und wenn, dann reichte es nur für einen beiläufigen Schwatz auf dem Flur.

Eines Abends kamen Patty und Priscilla spät von einem Essen in der Stadt zurück und fanden ein dunkles Zimmer und eine leere Streichholzschachtel vor.

„Warte einen Augenblick, ich hole ein paar Streichhölzer“, sagte Patty. Sie klopfte an eine Tür auf der anderen Seite des Flurs; hier wohnte ein Frischling, von der sie sich – und umgekehrt – öfter etwas liehen. Dort traf sie ihre eigenen Freundinnen Lady Clara Vere de Vere und Emily Washburn an. Die drei hatten die Köpfe zusammengesteckt und verstummten schlagartig bei Pattys Eintritt – offenbar hatte sie eine interessante Klatschgeschichte unterbrochen.

Patty vergaß, daß ihre Stubenkameradin im Dunkeln wartete, und plumpste in einen Stuhl. Jeder konnte sehen, daß sie den ganzen Abend bleiben wollte.

„Erzählt mir alles, Kinder“, sagte sie freundlich.

Die Studentinnen sahen sich an und zögerten.

„Eine neue Präsidentin?“ schlug Patty vor. „Oder nur eine Meuterei in der Klasse?“

„Es geht um Olivia Copeland“, erwiderte Lady Clara, „aber ich glaube, ich sollte lieber nichts sagen.“

„Olivia Copeland?“ Patty richtete sich auf und aus ihrer Miene sprach echtes Interesse. „Was ist mit ihr?“

„Sie ist durchgefallen und –“

„Durchgefallen!“ Patty machte ein entgeistertes Gesicht. „Aber ich dachte, sie sei so intelligent!“

„O ja, das ist sie – sie weiß nur nicht, wie man es die Leute merken läßt, und außerdem“, fügte Lady Clara bedeutungsvoll hinzu, „hatte sie Angst vor den Prüfungen.“

Patty warf ihr einen raschen Blick zu. „Was soll das heißen?“ fragte sie.

Lady Clara mochte Patty, aber sie war auch nur ein Mensch und hatte selbst Angst gehabt. „Nun“, erklärte sie, „sie hatte eine Menge Geschichten gehört – von – ähm – Studentinnen aus dem letzten Jahr, die erzählt hatten, wie schwer die Prüfungen seien und was alles Schreckliches passieren würde, wenn man nicht besteht, und da sie eine Außenstehende ist, hat sie es geglaubt. Emily und ich wußten es natürlich besser, aber sie hatte solche Angst und brachte nichts mehr zuwege und – “

„Unsinn!“ sagte Patty ungeduldig. „Das könnt ihr mir nicht einreden!“

„Wenn es eine aus dem zweiten Jahr gewesen wäre, die uns Angst einjagen wollte“, fuhr Lady Clara fort, „hätte es uns nicht so viel ausgemacht. Aber eine aus dem letzten Jahr!“

„Nun, Patty, tut es dir nicht leid, daß du uns solche Schauergeschichten erzählt hast?“ fragte Emily.

Patty lachte. „Mir tut alles, was ich erzähle, immer eine halbe Stunde später leid! Eines Tages werde ich ein Buch veröffentlichen – mit dem Titel ‚Dinge, die ich lieber nicht gesagt hätte. Eine Sammlung von *Faux Pas*‘ von Patty Wyatt."

„Ich finde, es ist nicht nur ein faux pas, wenn man einer Studentin solche Angst macht, daß sie – "

„Ihr wollt es mir wohl unter die Nase reiben", sagte Patty unbeeindruckt, „aber Mädchen fallen nicht durch, weil sie Angst haben, sie fallen durch, weil sie nichts wissen."

„Olivia wußte über Geometrie fünfmal so viel wie ich, aber ich habe bestanden und sie nicht."

Patty studierte schweigend das Teppichmuster.

„Sie denkt, daß sie das College verlassen muß, und weint sich die Augen aus", fuhr Emily fort, nicht ohne eine gewisse Freude an den Einzelheiten.

„Weint!" sagte Patty scharf. „Warum weint sie?"

„Weil sie sich schlecht fühlt, nehme ich an. Sie war auf einem Spaziergang, wurde vom Regen überrascht und kam nicht mehr rechtzeitig zum Abendessen – und dann hat sie die Hiobsbotschaft vorgefunden. Sie liegt oben auf ihrem Bett und ist völlig hysterisch – oder hat römisches Fieber oder so etwas. Sie sagte, wir sollten gehen und sie in Ruhe lassen. Plötzlich ist sie ganz ruppig."

Patty stand auf. „Ich glaube, ich gehe zu ihr und heitere sie auf!"

„Laß sie in Ruhe, Patty", sagte Emily. „Ich weiß, wie du die Leute aufheiterst. Wenn du sie vor den Prüfungen nicht aufgeheitert hättest, wäre sie nicht durchgefallen."

„Da wußte ich auch noch nichts über sie", sagte Patty etwas mürrisch, „und außerdem", fügte sie hinzu, als sie die Tür öffnete, „habe ich nichts gesagt, daß mit ihrem Bestehen oder Durchfallen zu tun hatte." Sie machte sich auf den Weg zu Olivias Zimmer, aber ihr Gewissen war nicht ganz rein. Sie wußte nicht mehr genau, was sie den Frischlingen über die Prüfungen erzählt hatte, doch sie hatte das ungute Gefühl, daß es nichts Ermutigendes gewesen war.

„Ich wünschte, ich würde einmal begreifen, wann die Zeit zum Witzemachen ist und wann nicht“, sagte sie zu sich selbst, als sie an die Tür des Arbeitszimmers klopfte.

Niemand antwortete, und sie drehte den Griff und trat ein. Ein ersticktes Schluchzen kam aus einem der angrenzenden Schlafzimmer, und Patty zögerte.

Sie selbst weinte fast nie und fühlte sich immer unbehaglich, wenn andere es taten. Es mußte jedoch etwas getan werden, und sie trat über die Schwelle und betrachtete schweigend Olivia, die mit dem Gesicht nach unten auf dem Bett lag. Als sie Pattys Schritte hörte, hob sie den Kopf, sah den Eindringling verwundert an und vergrub das Gesicht dann wieder in den Kissen. Patty kritzelte eine Notiz „Nicht stören“ und hängte sie draußen an die Tür, dann rückte sie einen Stuhl an die Bettkante und setzte sich mit der Miene einer Ärztin, die eine Diagnose stellen will.

„Nun, Olivia“, begann sie in geschäftsmäßigem Ton, „wo liegt das Problem?“

Olivia öffnete ihre geballten Fäuste, und ein paar zerknüllte Papiere kamen zum Vorschein.

Patty glättete sie und überflog hastig die gedruckten Zeilen:

> Miss Copeland wird hiermit davon in Kenntnis gesetzt, daß ihre Leistungen in Deutsch ungenügend waren
> (in drei Stunden).

Miss Copeland wird hiermit davon in Kenntnis gesetzt, daß ihre Leistungen in lateinischer Prosa ungenügend waren
(in einer Stunde).

Miss Copeland wird hiermit davon in Kenntnis gesetzt, daß ihre Leistungen in Geometrie ungenügend waren
(in vier Stunden).

Patty rechnete schnell – „Drei und eins sind vier und vier sind acht“ – und runzelte die Brauen.

„Wird man mich nach Hause schicken, Patty?“

„Bewahre, nein, Kind, ich hoffe nicht. Wer so gute Arbeit geleistet hat wie du in Englisch, sollte das Recht haben, in allen anderen Fächern durchzufallen, wenn ihr danach ist.“

„Aber wenn man in acht Stunden ein Ungenügend bekommt, wird man nach Hause geschickt, das hast du mir selber gesagt!“

„Glaub nichts von dem, was ich dir erzählt habe“, sagte Patty ermutigend. „Ich weiß meistens nicht, was ich rede.“

„Es wäre schrecklich, wenn mein Vater wüßte, daß ich versagt habe, nachdem er so viel Zeit aufgewendet hat, um mich vorzubereiten, aber“, Olivia fing wieder an zu weinen, „ich habe solches Heimweh, daß es mir vielleicht gar nichts ausmachen würde.“

„Du weißt nicht, wovon du redest“, sagte Patty. Sie legte dem Mädchen die Hand auf die Schulter. „Himmel, Kind, du bist ja tropfnaß und zitterst! Setz dich hin und zieh die Schuhe aus.“

Olivia setzte sich auf und zog ungeschickt an den Schnürsenkeln. Patty riß sie auf und warf die Schuhe achtlos auf den Boden.

„Weißt du, was mit dir los ist?“ fragte sie. „Du weinst nicht, weil du durchgefallen bist. Du weinst, weil dir kalt ist und weil du müde und durchnäßt und hungrig bist. Zieh sofort die nassen Sachen aus und einen warmen Bademantel an, und ich hole dir etwas zu essen.“

„Ich will nichts essen“, jammerte Olivia und machte Miene, sich wieder auf die Kissen zu werfen.

„Benimm dich nicht wie ein Baby, Olivia“, sagte Patty scharf, „setz dich hin und sei ein – ein Mann!“

Zehn Minuten später kam Patty von einer erfolgreichen Expedition zurück und deponierte ihre Beute auf dem Tisch. Olivia saß auf der Bettkante und sah ihr apathisch zu, ein Bild des Jammers.

„Trink das!“ befahl Patty und hielt ihr ein dampfendes Glas hin.

Olivia hob es gehorsam an die Lippen und fuhr zurück. „Was ist da drin?“ fragte sie matt.

„Alles Scharfe, das ich finden konnte – Chinin, Whisky, Ingwer aus Jamaika, Hustensaft und ein bißchen roter Pfeffer und – ein oder zwei andere Sachen. Es ist mein eigenes Rezept. Danach holt man sich keine Erkältung mehr.“

„Ich – ich glaube, das brauche ich nicht.“

„Trink es aus – bis auf den letzten Tropfen“, sagte Patty grimmig, und Olivia schloß die Augen und stürzte das Gebräu hinunter.

„Nun“, sagte Patty mit fröhlicher Geschäftigkeit, „mache ich dir etwas zu essen. Hast du einen Dosenöffner? Und vielleicht etwas Alkohol? Das ist gut. Es gibt drei Gänge – Suppe aus der Dose, Bohnen aus der Dose und eingeweckten Ingwer – alles heiß! Es ist ein Glück, daß Georgie Merriles in New York ist, sonst hätte sie mir das nie alles geliehen.“

Olivia ertappte sich zu ihrer eigenen Überraschung dabei, daß sie lachte (sie hatte geglaubt, sie würde nie wieder lächeln), als sie Mulligatawny-Suppe aus einem Zahnputzbecher schlürfte und ein Tablett mit dampfenden gebackenen Bohnen auf dem Knie balancierte.

„Und nun“, sagte Patty und steckte Olivia nach den drei Gängen ins Bett, „planen wir unseren Feldzug. Acht Stunden sind ziemlich ernst, aber nicht unbedingt tödlich. Warum bist du in lateinischer Prosa durchgefallen?“

„Ich hatte das Fach nie, bevor ich kam, und dann erzählte ich es Miss –“

„Natürlich, sie hielt es für ihre Pflicht, dich durchfallen zu lassen. Du hättest es nicht erwähnen sollen. Aber egal. Es ist nur eine Stunde, das kannst du in einer Minute aufholen. Wie steht es mit Deutsch?“

„Deutsch ist ein bißchen schwer, weil es so anders ist als Italienisch und Französisch. Ich bekomme immer einen Schreck, wenn sie mich aufruft, und –“

„Ein wenig töricht?“ schlug Patty vor.

„Ich fürchte, ja“, gestand Olivia.

„Nun, ich fürchte, du hast es verdient, darin durchzufallen. Du kannst die Prüfung im Frühling wiederholen. Wie sieht es mit Geometrie aus?“

„Ich dachte, das könnte ich, sie hat nur andere Aufgaben gestellt, als ich dachte, und –“

„Ein unglücklicher Umstand, aber so etwas kommt vor. Kannst du noch ein wenig lernen und die Prüfung gleich wiederholen?“

„Ja, da bin ich sicher, aber man wird mir keine zweite Chance geben. Sie schicken mich sofort nach Hause.“

„Wer ist deine Dozentin?“

„Miss Prescott.“

Patty runzelte die Stirn, dann lachte sie. „Wenn es Miss Hawley gewesen wäre, könnte ich zu ihr gehen, ihr die Sache erklären und sie bitten, dich die Prüfung noch einmal machen zu lassen. Miss Hawley ist manchmal ganz menschlich. Aber Miss Prescott! Kein Wunder, daß du durchgefallen bist. Ich habe selbst Angst vor ihr. Sie ist die einzige Frau, die jemals einen Abschluß an einer deutschen Universität gemacht hat, und sie kennt keinen anderen Gedanken in der Welt als Mathematik. Ich glaube nicht, daß diese Frau eine Seele hat. Wenn eines dieser Medien käme und sie entmaterialisieren würde, bliebe nichts übrig – bis auf ein gleichschenkliges Dreieck." Patty schüttelte den Kopf. „Ich fürchte, es hat nicht viel Sinn, mit so jemandem zu diskutieren. Wenn sie einmal eine Wahrheit sieht, sieht sie sie für immer. Aber keine Sorge, ich tue mein Bestes. Ich werde ihr sagen, du seist ein verkanntes mathematisches Genie – es blüht im Verborgenen, und wenn sie dich noch einmal prüft, wird sie es entdecken. Das wird sie überzeugen. Gute Nacht. Geh schlafen und mach dir keine Sorgen, ich werde schon mit ihr fertig."

„Gute Nacht, und danke, Patty!" Die Stimme, die unter der Bettdecke hervorkam, klang schon wieder recht unbeschwert.

Patty schloß die Tür, stand einen Moment in der Halle und dachte über die Situation nach. Olivia Copeland war zu wertvoll, um aussortiert zu werden. Man mußte das College dazu bringen, ihren Wert zu erkennen. Aber das war schwierig. Patty hatte schon früher versucht, das College von gewissen Dingen zu überzeugen. Sie konnte sich nur an Miss Prescott wenden, und ob sie Erfolg haben würde, war zweifelhaft. Es war keine erhebende Aussicht, sie aufzusuchen, aber es schien keinen anderen Ausweg zu geben. Sie schnitt eine kleine Grimasse und lachte. Ich benehme mich selbst wie ein Frischling, dachte sie. Laut fügte sie hinzu: „Auf in den Kampf, Patty!" Sie nahm sich keine Zeit zum Zaudern, sondern marschierte nach oben und klopfte bei Miss Prescott an. Erst nach dem Klopfen kam ihr der Gedanke, daß es vielleicht günstiger gewesen wäre, ihr Vorhaben auf den nächsten Morgen zu verschieben. Aber die Tür ging auf, bevor sie weglaufen konnte, und sie knickste recht verwirrt vor Miss Prescott, die eine Zeitschrift in der Hand hatte – nicht über Mathematik, sondern eine ganz alltägliche.

„Guten Abend, Miss Wyatt. Möchten Sie nicht hereinkommen und sich setzen?“ sagte Miss Prescott in sehr herzlichem, menschlichen Ton.

Patty sank in einen tiefen Korbsessel und erhaschte einen flüchtigen Blick auf Bücherregale, Bilder, Teppiche und poliertes Messing. Die abgehängte Lampe auf dem Tisch warf gedämpftes Licht. Ehe Patty sich versah, plauderte sie schon vergnügt mit Miss Prescott über den Ausgang eines Fortsetzungsromans in der Zeitschrift.

Miss Prescott schien sich nicht im geringsten über diesen ungewöhnlichen Besuch zu wundern; sie sprach über verschiedene Themen und redete und lachte wie ein ganz normaler Mensch.

Patty sah ihr fasziniert zu. Sie ist *hübsch*, dachte sie und begann sich zu fragen, wie alt sie war. Sie hatte Miss Prescott nie mit irgendeinem Alter in Verbindung gebracht. Sie hatte sie immer wie eine wissenschaftliche Wahrheit betrachtet, die existiert, unabhängig von Ort und Zeit. Sie versuchte, sich an eine Geschichte ins Gedächtnis zu rufen, die sich die Mädchen in ihrem Frischlingsjahr erzählt hatten. Sie erinnerte sich dunkel, daß es geheißen hatte, Miss Prescott sei einmal verliebt gewesen. Damals hatte Patty nur verächtlich abgewunken, aber jetzt neigte sie dazu, daran zu glauben.

Mitten im Gespräch läutete plötzlich die Zehn-Uhr-Klingel, und Patty fiel schlagartig ihr Anliegen wieder ein.

„Ich nehme an“, sagte sie, „daß Sie sich fragen, warum ich hier bin.“

„Ich hatte gehofft“, sagte Miss Prescott mit einem Lächeln, „daß Sie mich sehen wollten, ohne besonderen Grund.“

„Ja, beim nächsten Mal bestimmt – wenn ich wiederkommen darf. Aber heute Abend hatte ich einen Grund und fürchte, daß Sie mich unverschämt finden – und“, fügte sie offen hinzu, „ich weiß nicht, wie ich es Ihnen sagen soll, ohne daß Sie mich unverschämt finden.“

„Sagen Sie es, wie Sie wollen, und ich werde versuchen, es nicht zu finden“, sagte Miss Prescott freundlich.

„Denken Sie nicht manchmal, daß die Mädchen mehr über die Fähigkeiten einer anderen wissen als die Dozenten?“ fragte Patty. „Ich kenne ein Mädchen“, fuhr sie fort, „ein Frischling, die in mancher Hinsicht die bemerkenswerteste Person ist, die ich je gesehen habe. Natürlich kann ich nicht sicher sein, aber ich würde sagen, daß sie eines Tages sehr gut in Englisch sein wird – so gut, daß das College stolz auf sie sein wird. Nun, dieses Mädchen ist durch so viele Prüfungen gefallen, daß ich fürchte, man wird sie nach Hause schicken, und das College kann es sich einfach nicht leisten, sie zu verlieren. Ich kenne Ihre Regeln natürlich nicht, aber mir erscheint es am einfachsten, wenn Sie sie noch eine Prüfung in Geometrie ablegen lassen – sie kann es wirklich – und dann der Fakultät von ihr erzählen und sie überzeugen, ihr noch eine Chance zu geben.“

Patty machte diesen erstaunlichen Vorschlag so beiläufig wie möglich und um Miss Prescotts Mundwinkel zuckte es. Sie fragte: „Von wem sprechen Sie?“

„Olivia Copeland.“

Miss Prescott kniff den Mund zusammen und sah wieder aus wie die Mathematiklehrerin. „Miss Copeland hat in ihrer Prüfung absolut nichts getan, Miss

Wyatt, und das bißchen, das sie das Jahr über geleistet hat, zeugt nicht von besonderen Fähigkeiten. Ich bedaure, aber es ist unmöglich."

„Aber Miss Prescott", beharrte Patty, „das Mädchen hatte mit besonderen Nachteilen zu kämpfen. Sie ist Amerikanerin, lebt aber im Ausland, und unsere Lebensweise ist ihr völlig neu. Sie hat noch nie eine Schule besucht. Ihr Vater hat sie aufs College vorbereitet, aber natürlich nicht so, wie die anderen Mädchen vorbereitet wurden. Sie ist schüchtern und nicht gewohnt, vor der Klasse zu reden, sie kann sich nicht präsentieren. Ich bin sicher, Miss Prescott, wenn Sie sie noch einmal prüfen, werden Sie feststellen, daß sie den Stoff versteht – das heißt, wenn Sie sie zuerst die Angst überwinden lassen, die sie vor Ihnen hat. Ich weiß, daß sie viel zu tun haben und es eine große Bitte ist", schloß Patty entschuldigend.

„Das ist es nicht, Miss Wyatt. Natürlich will ich keiner Studentin ungerechte Noten geben, aber ich kann mich des Eindrucks nicht erwehren, daß Sie Miss Copeland überschätzen. Sie hatte wirklich eine Chance, zu zeigen, was in ihr steckt, und wenn sie in so vielen Prüfungen durchgefallen ist, wie Sie sagen – sehen Sie, das College muß sein Niveau aufrechterhalten und in Fragen wie diesen ist es nicht immer möglich, auf den Einzelnen Rücksicht zu nehmen."

Patty hatte das Gefühl, daß sie entlassen war, und suchte fieberhaft nach einer neuen Idee. Ihr Blick fiel auf ein gerahmtes Bild des alten Klosters von Amalfi, das über dem Bücherregal hing.

„Haben Sie vielleicht in Italien gelebt?" fragte sie.

Miss Prescott zuckte leicht zusammen. „Nein", sagte sie, „aber ich habe einige Zeit dort verbracht."

„Das Bild von Amalfi hat mich auf den Gedanken gebracht. Olivia Copeland lebte dort in der Nähe, in Sorrent."

In Miss Prescotts Augen blitzte ein Funken Interesse auf.

„Deshalb ist sie mir überhaupt erst aufgefallen“, fuhr Patty fort, „aber sie hat mich nicht so sehr interessiert, bis ich mit ihr gesprochen habe. Ihr Vater ist anscheinend Künstler, und sie ist in Italien geboren und war nur einmal in Amerika – als kleines Mädchen. Ihre Mutter ist tot und sie und ihr Vater wohnen in einer alten Villa an der Küstenstraße, die nach Sorrent führt. Sie hatte nie gleichaltrige Freundinnen, nur die Freunde ihres Vaters – Künstler und Diplomaten und solche Leute. Sie spricht Italienisch und weiß alles über italienische Kunst, Politik, die Kirche, das Agrarrecht und wie die Leute besteuert werden – und alle Bauern rund um Sorrent sind ihre Freunde. Sie stirbt fast vor Heimweh, und der einzige Mensch, mit dem sie über die Dinge reden kann, die sie interessieren, ist der Erdnußverkäufer in der Stadt. Die Mädchen, mit denen sie das Zimmer teilt, sind nette, lebhafte amerikanische Mädchen – sie interessieren sich für Golf und Basketball und Welsh rabbit und Erzählungen von Richard Harding Davis[13] und Bilder von Gibson[14] – und von all dem hatte sie bis vor vier Monaten noch nie etwas gehört. Sie hat ein Aquarell von der Villa, das ihr Vater gemalt hat. Es ist weißer Stuck mit Terrassen, Marmor-Balustraden und angeschlagenen Statuen – und Stechpalmen rund um einen Springbrunnen. Stellen Sie sich vor, Miss Prescott, von dort zu kommen und dann plötzlich hier zu landen, ohne Freunde oder jemanden, der die gleichen Dinge kennt wie man selbst – wie einsam man dann ist!“ Patty beugte sich mit geröteten Wangen vor, mitgerissen von ihrer eigenen Redegewandtheit. „Sie wissen, wie Italien ist. Es ist eine Art Krankheit. Wenn

13 Richard Harding Davis (1864 – 1916), amerikanischer Schriftsteller, Journalist und Dramatiker.

14 Wahrscheinlich Patrick Gibson (1782 – 1829), schottischer Maler.

man es einmal ins Herz schließt, vergißt man es nie mehr und wird erst glücklich, wenn man wieder da ist. Und für Olivia ist es auch noch ihr Zuhause. Sie hat nie etwas anderes gekannt. Und es ist schwer, sich auf Mathematik zu konzentrieren, wenn man die ganze Zeit von etwas anderem träumt – von Stechpalmen und Springbrunnen und Nachtigallen und – und solchen Sachen."

Der Schluß fiel etwas lahm aus, denn Miss Prescott hatte sich plötzlich zurückgelehnt, so daß sie im Schatten saß. Patty hatte den Eindruck, daß sie blaß geworden war und die Hand mit der Zeitschrift zitterte.

Patty errötete wieder, aber diesmal vor Unbehagen. Sie versuchte sich zu erinnern, was sie gesagt hatte. Sie sagte immer Dinge, die die Leute kränkten, ohne daß sie es beabsichtigt hatte. Plötzlich schoß ihr die alte Geschichte aus ihrem Frischlingsjahr durch den Kopf. Er war Künstler gewesen, hatte in Italien gelebt und war am römischen Fieber gestorben, und Miss Prescott war nach Deutschland gegangen, um Mathematik zu studieren, und hatte sich seither nie mehr für etwas anderes interessiert. Es klang erfunden, aber es konnte stimmen. War sie auf ein verbotenes Thema gestoßen? fragte sie sich bekümmert. Natürlich war sie das – wie immer.

Die Stille wurde unerträglich. Sie suchte nach Worten, aber ihr fiel nichts ein, und sie stand abrupt auf.

„Entschuldigen Sie bitte, daß ich so viel von Ihrer Zeit beansprucht habe, Miss Prescott. Ich hoffe, ich habe Sie nicht gelangweilt. Gute Nacht."

Miss Prescott stand auf und nahm Pattys Hand. „Gute Nacht, meine Liebe, und danke, daß Sie zu mir gekommen sind. Ich bin froh, daß ich jetzt über Olivia Copeland Bescheid weiß. Ich werde sehen, was hinsichtlich ihrer Geometrie zu tun ist, und ich hoffe, in ihr eine – eine Freundin zu finden, denn ich habe Italien auch einmal sehr geliebt."

Patty schloß leise die Tür und schlich auf den Zehenspitzen durch die dunklen Korridore.

„Hast du die Streichhölzer mitgebracht?“ rief eine schläfrige Stimme aus Priscillas Schlafzimmer.

Patty fuhr zusammen. „Oh, die Streichhölzer!“ lachte sie. „Nein, die habe ich vergessen.“

„Ich habe noch nie erlebt, daß du etwas vollbracht hast, das du vorhattest, Patty Wyatt.“

„Ich habe heute Abend sehr wohl etwas vollbracht“, erwiderte Patty und in ihrer Stimme schwang ein Hauch von Triumph mit, „aber ich habe keine Ahnung, wie ich es gemacht habe“, fügte sie für sich selbst unumwunden hinzu.

Und sie ging ins Bett und schlief ein, ohne auch nur zu ahnen, wie viel sie tatsächlich vollbracht hatte, denn ohne es zu wissen, hatte sie den Grundstein für eine Freundschaft gelegt – zwischen einer einsamen Studentin und einer ebenso einsamen Dozentin.

11. „Lokalkolorit“

An einem Tisch der Seniorinnen hatte man einen neuen Zeitvertreib entdeckt, mit dem man sich amüsieren konnte, während Maggie in der Küche das Mittagessen zubereitete. Das Spiel hieß „Lokalkolorit“, zu Ehren von Patty Wyatts berühmter Definition im Englischunterricht: „Lokalkolorit läßt eine Lüge wahr erscheinen“. Bei dem Spiel ging es darum, wer die größte Lüge erzählen konnte, ohne daß es sofort herauskam, und die einzige Regel sah vor, daß die Opfer aufgeklärt werden mußten, bevor sie den Tisch verließen.

Patty war die Anstifterin, die beste Spielerin und zuletzt das Opfer des Spiels. Über einige ihrer Erfindungen wäre sogar Baron Münchhausen errötet und sie erzählte ihre Geschichten so überzeugend, daß selbst die absurdesten geglaubt wurden.

Die ursprüngliche Idee war reichlich harmlos gewesen, aber die Regeln wurden nicht immer strikt eingehalten, und die unglaublichsten Skandalgeschichten machten die Runde im College. Die Vorsitzende der „Christinnen“ war verwarnt worden, weil sie dem Gottesdienst ferngeblieben war. Die Jahrgangsbeste war in Ethik durchgefallen und hatte es nicht einmal im zweiten Anlauf geschafft. Cathy Fair war eine Cousine von Professor Hitchcock und nannte ihn ohne Umschweife „Tommy“. Diese und noch viel schlimmere Geschichten wurden Allgemeingut, und einige, die mit den Dozenten zu tun hatten, kamen den Dozenten selbst zu Ohren.

Eines Tages betrat Patty unangemeldet das Zimmer eines Frischlings und traf die Kinder in Tratschgeschichten vertieft an.

„Ich habe gestern etwas sehr Witziges über Professor Winters gehört“, piepste eine aus dem zweiten Jahr.

„Erzähl! Was hast du gehört?“ rief ein Chor von Stimmen.

„Ich würde gern etwas Lustiges über Professor Winters hören, ich kenne niemanden, der so ernst aussieht“, bemerkte ein Frischling.

„Nun“, sagte die Studentin aus dem zweiten Jahr, „es scheint, daß er letzte Woche heiraten wollte. Alle Einladungen waren schon verschickt und die Geschenke eingetroffen, als die Braut Mumps bekam.“

„Wirklich? Wie witzig!“ riefen die Zuhörerinnen im Chor.

„Ja – auf beiden Seiten – und da der Pfarrer niemals Mumps gehabt hatte, mußte die Hochzeit verschoben werden.“

Patty gefror das Blut in den Adern. Sie kannte diese Geschichte. Sie stammte von ihr selbst, nur die unwichtigen Ausschmückungen fehlten. „Wo in aller Welt hast du so etwas Absurdes gehört?“ fragte sie streng.

„Lucille hat es gestern abend auf einer Sahnebonbon-Party in Bonnie Connaughts Zimmer erzählt“, antwortete die Gefragte unbeirrt, denn sie war sicher, daß diese Quelle zuverlässig war.

Patty stöhnte. „Und ich nehme an, daß mittlerweile jedes der zwölf Mädchen es einem anderen Dutzend erzählt hat. Wahrscheinlich hat es sich schon auf dem ganzen Campus herumgesprochen. Nun, kein Wort davon ist wahr! Lucille Carter weiß nicht, wovon sie redet! Wer glaubt denn so etwas?“ fügte sie verächtlich hinzu. „Sieht Professor Winter aus, als ob er es je wagen würde, einem Mädchen einen Antrag zu machen – oder es gar zu heiraten?“ Und sie marschierte aus dem Zimmer und ging schnurstracks zu dem Einzelzimmer, in dem Lucille wohnte. „Lucille“, sagte Patty, „was denkst du dir dabei, diese Geschichte über den Mumps von Professor Winters Verlobter zu verbreiten?“

„Du hast sie mir doch selbst erzählt“, erwiderte Lucille eifrig. Sie war ein gutgläubiges Geschöpf und neigte dazu, alles wörtlich zu nehmen. Beim Lokalkolorit war sie wie ein Fisch auf dem Trockenen.

„Ich habe es dir erzählt!“ sagte Patty empört. „Du dumme Gans willst doch nicht behaupten, du hättest es geglaubt? Ich habe nur Lokalkolorit gespielt!“

„Woher sollte ich das wissen? Du hast es erzählt, als sei es wahr.“

„Natürlich“, sagte Patty, „das ist das Spiel. Sonst hättest du mir ja nicht geglaubt.“

„Aber du hast nicht gesagt, daß es nicht stimmt. Du hast dich nicht an die Regel gehalten.“

„Ich dachte nicht, daß es nötig wäre. Ich konnte mir nicht vorstellen, daß irgend jemand eine so absurde Geschichte glaubt!“

„Ich verstehe nicht, warum es meine Schuld gewesen sein soll.“

„Natürlich war es deine Schuld! Du solltest keine bösartigen Geschichten über Mitglieder des Kollegiums verbreiten; es gehört sich nicht! Jetzt kennt schon das ganze College die Geschichte, und Professor Winters hat es wahrscheinlich schon selbst gehört. Er wird dich zur Strafe dafür in der Abschlußprüfung durchfallen lassen, warte es nur ab!“ Und Patty ging nach Hause.

Zurück blieb eine von Gewissensbissen geplagte und zutiefst empörte Lucille.

Etwa einen Monat vor der Einführung von „Lokalkolorit“ hatte Patty einen neuen Zeitvertreib entdeckt, den sie „Bildung der öffentlichen Meinung“ und „die Erbauung der Presse“ nannte. Es ging so:

Das College war bescheiden und zurückhaltend. Es verlangte nichts weiter, als daß seine Atmosphäre akademischer Ruhe ungestört blieb. Doch vor kurzem war es von einer sensationslüsternen Zeitung heimgesucht worden. Die Tatsache, daß keine der Geschichten stimmte, milderte den Ärger nicht. Das College wurde von Reportern belagert, die Gerüchte gehört hatten und eine Bestätigung brauchten, um eine Titelstory im *Censor*, dem *Advertiser* oder dem *Star* zu veröffentlichen. Und sie wollten auch ein Foto von Miss Bentley, das sie in der Rolle der Portia zeigte. Als sie ablehnte, äußerten sie die Absicht, eines zu „fälschen“ und versicherten ihr galant, daß die Fälschung weitaus häßlicher sein würde als das Original.

Der Höhepunkt war erreicht, als Bonnie Connaught das Pech hatte, sich beim Basketball den Knöchel zu verstauchen. Ein großes Bild von ihr, das sie in einem maskulin aussehenden Pullover mit einem Ball unter dem Arm zeigte, erschien in einer New Yorker Abendzeitung. Die Überschrift verkündete in riesigen roten Lettern, daß die beste Sportlerin und das beliebteste Mädchen auf dem College mit einem Bein im Grab stünde – wegen Verletzungen, die sie sich beim Basketball zugezogen hätte.

Bonnies ehrenwerte Familie erschien empört und vollzählig im College und wollte sie sofort mit nach Hause nehmen. Nur mit Mühe gelang es der ebenso empörten Verwaltung, sie zu beruhigen. Die Alumnae schrieben, daß zu ihrer Zeit so brutale Spiele wie Basketball nicht gebilligt worden seien, und sie fürchteten, das Niveau des Colleges sei gesunken. Eltern schrieben, sie würden ihre Töchter nach Hause holen, wenn sie so der Öffentlichkeit ausgesetzt würden, und die arme Präsidentin war natürlich völlig hilflos angesichts des glorreichen amerikanischen Rechts auf freie Meinungsäußerung.

Zuletzt verfiel das College auf eine Schutzmaßnahme – es gab eine eigene Zeitung heraus. Die Redaktion bestand aus Studentinnen, aber ein Mitglied der Fakultät war der Chef. Die ehrenwerten Zeitungen waren sehr froh, Reporter „drinnen" zu haben, deren Angaben nicht überprüft werden mußten, und die weniger ehrenwerten wandten sich ergiebigeren Skandalquellen zu und vergaßen das College.

Patty hatte den Ruf, in Englisch ein „Schlitzohr" zu sein. Ihre Aufgabe bestand darin, eine Lokalzeitung mit Nachrichten zu versorgen. Anfangs war sie vom Gefühl der Verantwortung beseelt gewesen, das diese Position mit sich brachte, und hatte deshalb ihre Arbeit für das College gewissenhaft vernachlässigt, aber mit der Zeit schwand der Reiz des Neuen und ihre wöchentlichen Beiträge wurden immer oberflächlicher.

Die Wahl von Patty für gerade diese Zeitung war vielleicht nicht sehr weitsichtig gewesen, denn der Herausgeber wünschte eine wöchentliche „Klatschkolumne". Es wäre klüger gewesen, ihr eine Stadtzeitung zuzuteilen, in der es nur eine kurze Mitteilung wichtiger Tatsachen gebraucht hätte. Patty hatte leider einen Hang zu Tratsch, und da der begeisterte Herausgeber sie eifrig anspornte, fand sie es schwer, ihre Liebe zum „Lokalkolorit" zu unterdrücken. Die Zeitung hatte jedoch eine große Reichweite innerhalb des Kollegiums, und dieser Umstand bewirkte eine gewisse Mäßigung.

Der Tag nach Pattys Braut-mit-Mumps-Zusammenstoß mit Lucille war ein Freitag und sie brütete über ihrer wöchentlichen Attacke auf die öffentlichen Meinung. Es war eine ereignislose Woche gewesen und es gab nichts, worüber man schreiben konnte.

Sie widmete sich ausführlich einer französischen Enzyklopädie, die der Bibliothek gespendet worden waren, und sprach begeistert von einer bemerkenswerten Sammlung prähistorischer Kieferknochen, die der Paläontologie gespendet worden waren. Sie zählte die siebzehn Mädchen auf, die mit Stipendien ausgezeichnet worden waren, nannte ihre vollen Namen, alle mit „Miss“ versehen, und die Namen der Stadt und des Staates ohne Abkürzungen. Aber es waren immer noch nur zehn Seiten und Patty brauchte achtzehn, um die Kolumne fertig zu bekommen.

Sie ging wieder zum Schwarzen Brett und entdeckte eine neue Notiz, die sie zuvor übersehen hatte:

> Freitag, 17. Januar. Professor James Harkner Wallis vom Lick-Observatorium wird um acht Uhr im Auditorium einen Vortrag über „Theorien zum siderischen System“ halten.

Patty nahm die Nachricht gleichgültig zur Kenntnis. Sie schien nicht zur Ausschmückung geeignet zu sein und sie hatte keinen Funken Interesse am siderischen System. Die kurze Mitteilung des Dozenten jedoch, die neben der Notiz hing, verkündete, daß Professor Wallis einer der besten Astronomen sei und wichtige Forschungen betrieb.

Wenn ich etwas über Astronomie wüsste, dachte sie verzweifelt, könnte ich es auf zwei Seiten aufblähen.

Eine Bekannte tauchte neben ihr auf.

„Hast du jemals von diesem Mann gehört?“ fragte Patty und zeigte auf das Brett.

„Noch nie, aber ich bin auch keine Astronomin.“

„Ich auch nicht“, sagte Patty. „Ich frage mich, wer er ist?“ fügte sie bekümmert hinzu. „Er scheint sehr berühmt zu sein, und ich wüßte wirklich gern etwas über ihn.“

Das andere Mädchen machte große Augen. Sie war überrascht von diesem Wissensdurst, der nicht zu Pattys Ruf paßte; und wenn in Zukunft in ihrer Gegenwart behauptet wurde, Patty Wyatt sei brillant, aber oberflächlich, erklärte sie jedes Mal hartnäckig, daß Patty tiefsinniger sei als die Leute glaubten. Sie dachte einen Moment nach und sagte dann: „Lucille Carter hat Astronomie belegt, sie kann dir von ihm erzählen."

„Richtig, das hatte ich vergessen!" Und Patty machte sich auf den Weg zu Lucilles Zimmer.

Dort traf sie einige Mädchen an, die auf den unterschiedlichsten Einrichtungsgegenständen saßen, Buttertoffee aßen und die Tragödien eines Maeterlinck[15] besprachen.

„Was ist hier los?" fragte Patty. „Eine Party?"

„O nein", sagte Lucille, „nur eine Sondersitzung des Kurses Theorie des Dramas. Keine Angst, deine Stubenkameradin sitzt auf der Fensterbank."

„Hallo, Pris. Was machst du denn hier?" sagte Patty und fischte einen Stück Toffee mit einem Löffel heraus. (Man war sich nicht einig gewesen, wie lange sie karamellisieren sollten.)

„Ich mache nur einen Freundschaftsbesuch. Was machst *du* hier? Ich dachte, du wolltest dich beeilen und schnell fertig werden, damit du zum Essen in die Stadt gehen kannst."

„Ja", sagte Patty unbestimmt, „aber ich fühlte mich einsam."

Das Gespräch kam wieder auf Maeterlinck und sie nutzte die Gelegenheit, Lucille zu fragen: „Wer ist dieser Astronom, der heute abend einen Vortrag hält? Er ist sehr berühmt, nicht wahr?"

„Sehr", sagte Lucille. „Professor Phelps hat die ganze letzte Woche unentwegt von ihm geredet."

15 Maurice Maeterlinck (1862 – 1949), belgischer Schriftsteller.

„Wo ist das Lick-Observatorium überhaupt?“ forschte Patty. „Ich kann mich beim besten Willen nicht erinnern, ob es in Kalifornien oder auf dem Pike’s Peak ist.“

Lucille dachte einen Moment nach. „Es ist in Dublin, in Irland.“

„Dublin – Irland?“ wiederholte Patty überrascht. „Ich hätte geschworen, daß es in Kalifornien ist. Bist du sicher, Lucille?“

„Natürlich! Reden wir nicht seit drei Tagen davon? Kalifornien! Du mußt verrückt sein, Patty. Ich glaube, du solltest Astronomie belegen!“

„Ich weiß“, sagte Patty lammfromm. „Ich wollte ja, aber ich habe gehört, es sei furchtbar schwierig, und ich finde, im letzten Jahr hat man das Recht, die Dinge etwas leichter zu nehmen. Aber das Seltsamste am Lick-Observatorium ist, daß ich wirklich etwas darüber weiß – ich habe neulich einen Artikel darüber gelesen und war fast sicher, daß es in den Vereinigten Staaten ist. Das beweist, daß man nie einer Sache sicher sein kann.“

„Nein“, sagte Lucille, „nichts ist sicher.“

„Hat er mit der Universität Dublin zu tun?“ fragte Patty.

„Ich glaube ja“, sagte Lucille.

„Und dieser Astronomie-Mensch“, fuhr Patty fort und erwärmte sich für ihr Thema, „ich nehme an, er ist Ire.“

„Natürlich“, sagte Lucille. „Er ist sehr bekannt.“

„Was hat er getan?“ fragte Patty. „Am Schwarzen Brett stand, er habe einige wichtige Entdeckungen gemacht. Ich fürchte aber, es sind schrecklich komplizierte Dinge, von denen niemand je gehört hat.“

„Nun“, sagte Lucille nachdenklich, „er hat die Ringe des Saturn und die Milchstraße entdeckt.“

„Die Ringe des Saturn! Ach, ich dachte, die wären schon vor einer Ewigkeit entdeckt worden. Er muß schon furchtbar alt sein. Ich weiß noch, daß ich schon als Baby von den Saturnringen gehört habe."

„Es ist schon eine Weile her", sagte Lucille. „Acht oder neun Jahre mindestens."

„Und die Milchstraße!" fuhr Patty fort, und es klang ungläubig. „Ich weiß nicht, wie die Leute es so lange vermeiden konnten, sie zu entdecken. Ich hätte es selber tun können, und ich behaupte nicht, daß ich etwas über Astronomie weiß."

„Oh, natürlich", beeilte sich Lucille zu erklären, „das Phänomen wurde schon früher entdeckt, aber nie dokumentiert."

„Aha", sagte Patty und machte sich heimlich Notizen. „Er muß wirklich ein furchtbar wichtiger Mann sein. Wie hat er das alles gemacht?"

„Er ist in einem Ballon aufgestiegen", sagte Lucille unbestimmt.

„In einem Ballon! Was für ein Spaß!" rief Patty und ihr Reporterinstinkt nahm Witterung auf. „In Europa werden viel mehr Ballonfahrten gemacht als hier."

„Ich glaube, er hat seinen Ballon mit nach Amerika genommen", sagte Lucille. „Er reist nie ohne ihn."

„Wozu das?" fragte Patty. „Ich nehme an", fuhr sie mit einer eigenen Erklärung fort, „es bringt ihn den Sternen viel näher."

„Das ist zweifellos der Grund", sagte Lucille.

„Ich wünschte, er würde ihn hierher schicken", seufzte Patty. „Wißt ihr noch mehr interessante Einzelheiten über den Professor?"

„N-nein", sagte Lucille, „mehr fallen mir jetzt nicht ein."

„Er ist auf jeden Fall der interessanteste Professor, von dem ich je gehört habe", sagte Patty, „und es ist seltsam, daß ich zuvor nie von ihm gehört habe."

„Es scheint eine Menge Dinge zu geben, von denen du noch nie gehört hast", bemerkte Lucille.

„Ja“, gab Patty zu, „das stimmt.“

„Nun, Patty“, sagte Priscilla und verließ die Diskussionsrunde auf der anderen Seite des Zimmers, „wenn du mit mir essen gehen willst, laß Lucille in Ruhe, geh nach Hause und mach deine Arbeit.“

„Sehr schön“, sagte Patty und erhob sich gehorsam. „Auf Wiedersehen, Mädchen. Kommt mich besuchen, und ich gebe euch ein paar Toffees wie sie sich gehören. Danke für die Informationen“, rief sie Lucille noch zu.

Am nächsten Montagnachmittag schlenderten Patty und Priscilla mit zwei oder drei Mädchen vom See zurück, und die über ihren Armen hängenden Schlittschuhe stießen klingelnd aneinander.

„Kommt rein, Mädchen, und trinkt einen heißen Tee“, sagte Priscilla, als sie in der Tür des Arbeitszimmers erschienen.

„Hier ist eine Nachricht für Patty“, sagte Bonnie Connaught und nahm einen Umschlag vom Tisch. „Sieht furchtbar offiziell aus. Muß mit der College-Post gekommen sein. Mach ihn auf, Patty, und laß uns sehen, worin du durchgefallen bist.“

„Lieber Himmel!“ sagte Patty. „Ich dachte, das hätte ich mir schon im Frischlingsjahr abgewöhnt!“

Sie scharten sich um sie und lasen den Brief über ihre Schulter hinweg. Patty hatte keine Geheimnisse.

> Observatorium, 20. Januar.
> Miss Patty Wyatt.
>
> Liebe Miss Wyatt,
> mir wurde mitgeteilt, daß Sie die Korrespondentin des *Saturday Evening Post-Despatch* sind und ich nehme mir die Frei-

heit, Sie auf einen schweren Fehler aufmerksam zu machen, der Ihnen in der letzten Ausgabe unterlaufen ist. Sie haben behauptet, das Lick-Observatorium sei in Dublin, Irland. Tatsächlich ist allgemein bekannt, daß es in sich in der Nähe von San Francisco , Kalifornien, befindet. Professor James Harkner Wallis ist kein Ire, er ist Amerikaner. Auch wenn er mehrere sehr wichtige Untersuchungen durchgeführt hat, ist er weder der Entdecker der Saturnringe noch der der Milchstraße.

Hochachtungsvoll,
Howard D. Phelps.

„Von Professor Phelps – was kann er meinen?“ sagte der Zwilling entgeistert.

„Oh, Patty“, stöhnte Priscilla, „du willst doch nicht behaupten, daß du all den Unsinn geglaubt hast?“

„Natürlich habe ich es geglaubt. Woher hätte ich wissen sollen, daß sie gelogen hat?“

„Sie hat nicht gelogen. Gebrauche nicht solche harten Worte!“

„Ich möchte wissen, wie ihr es dann nennt?“ sagte Patty wütend.

„Lokalkolorit, meine Liebe, Lokalkolorit. Nun bekommst du es zurück!“

„Warum hast du es mir nicht gesagt?“ jammerte Patty.

„Ich habe keine Sekunde gedacht, daß du ihr glaubst. Ich dachte die ganze Zeit, du würdest Witze machen.“

„Was ist los, Patty? Was hast du getan?“ fragten die anderen. Sie waren hin und her gerissen zwischen verzeihlicher Neugier und dem Gefühl, daß sie nicht Zeuginnen dieser häuslichen Tragödie werden sollten.

„Oh, erzähl es ihnen ruhig“, sagte Patty bitter. „Erzähl es allen! Ruf es am besten von der Kuppel des Observatoriums herunter! Nur zu, in ein paar Stunden weiß es sowieso das ganze College.“

Priscilla erklärte, was passiert war, und dabei begann sie die komische Seite zu sehen. Als sie fertig war, schütteten sich alle außer Patty aus vor Lachen.

„Der arme Herausgeber“, gluckste Priscilla. „Er sucht immer nach einem Knüller, jetzt hat er einen bekommen.“

„Wo ist sie, Patty – die Zeitung?“ keuchte Bonnie.

„Ich habe sie weggeschmissen“, sagte Patty mürrisch.

Priscilla kramte die Zeitung aus dem Papierkorb hervor, und die vier beugten sich fasziniert darüber.

> Der hervorragende irische Astronom verbringt einige Wochen in Amerika und unterrichtet an den wichtigsten Colleges – Seine berühmte Entdeckung der Ringe des Saturns während einer Ballonfahrt in dreitausend Fuß Höhe – Obwohl dies sein erster Besuch in den Staaten ist, spricht er nur mit leichtem Akzent – Loyaler Sohn des alten Erin.

„Patty, Patty! Daß du so gutgläubig warst!“

„Professor James Harkner Wallis’ Eltern werden demnächst an die Präsidentin schreiben, daß ihr Sohn hier keine Vorlesungen halten darf, wenn er solchen Dingen ausgesetzt wird.“

„Das ist übel!“ sagte Bonnie Connaught aus tiefstem Herzen.

„Wenn ihr fertig gelacht habt, sagt mir bitte, was ich tun soll.“

„Sag Professor Phelps, du hättest dich verschrieben.“

„Sich über eine halbe Kolumne verschreiben? Das ist gut“, sagte der Zwilling.

„Ich finde es gemein, daß ihr mich auslacht, wenn ich wahrscheinlich gerade hinausgeworfen werde!“

„Das Treffen des Kollegiums ist erst um vier“, sagte Bonnie.

Patty setzte sich an den Tisch und stützte den Kopf in die Hände.

„Patty“, sagte Priscilla, „du weinst doch nicht etwa?“

„Nein“, sagte Patty heftig, „ich denke nach!“

„Dir wird nie etwas einfallen, was das erklären könnte.“

Patty blickte auf und sah aus wie jemand, dem eine Idee gekommen ist. „Ich werde ihm die Wahrheit sagen!“

„Tu nichts Unbedachtes“, bat der Zwilling.

„Das ist natürlich das Einzige, was du tun kannst“, sagte Priscilla. „Setz dich hin und schreib ihm – und ich verspreche, nicht zu lachen, bis du fertig bist.“

Patty stand auf. „Ich glaube“, sagte sie, „ich gehe lieber zu ihm.“

„O nein! Schreib ihm eine Nachricht! Das ist viel einfacher!“

„Nein“, sagte Patty mit Würde, „ich finde, ich schulde ihm eine persönliche Erklärung. Sehen meine Haare ordentlich aus? Wenn ihr Mädchen das auch nur einer Menschenseele erzählt, bevor ich zurück bin, verrate ich euch kein Sterbenswörtchen von dem, was er gesagt hat“, fügte sie hinzu und schloß die Tür hinter sich.

Patty kam eine halbe Stunde später zurück, als sie sich gerade zum Teetrinken hinsetzten. Sie schaute sich in dem Zimmer um, in dem es schon dämmerte. Sie sah nur vier erwartungsvolle Gesichter, machte es sich auf einem Kissen auf dem Boden bequem und streckte die Hand nach einer dampfenden Tasse aus.

„Was hat er gesagt? Was hat dich so lange aufgehalten?"

„Oh, ich war im Büro, um meine Wahlpflichtfächer zu wechseln, das hat mich aufgehalten."

„Du willst doch nicht behaupten, daß dieser Mann dich dazu gebracht hat, Astronomie zu wählen?" fragte Priscilla entsetzt.

„Natürlich nicht", sagte Patty. „Das hätte ich nicht einmal getan, wenn er es vorgeschlagen hätte."

„Oh, Patty, komm schon! Du weißt, wie gespannt wir sind. Erzähl uns, was passiert ist!"

„Nun", sagte Patty und zupfte seelenruhig ihren Rock zurecht, „ich habe ihm genau gesagt, wie es war. Ich habe nichts verheimlicht, nicht einmal die Braut mit dem Mumps."

„War er sauer, oder hat er gelacht?"

„Er hat gelacht", sagte Patty, „bis ich dachte, er würde vom Stuhl fallen, und mich schon besorgt nach etwas Wasser und einer Alarmglocke umsah! Für ein Mitglied des Kollegiums hat er erstaunlich viel Humor!"

„War er nett?"

„Ja", sagte Patty, „sehr sogar. Als er mit der universellen Wahrheit fertig war, fragte ich, ob ich Astronomie belegen könne. Er sagte, es wäre im zweiten Semester schwierig, aber ich sagte, daß ich bereit sei zu arbeiten, und er sagte, ich hätte wirklich eine besondere Gabe, Dinge zu erklären und er wäre wirklich froh, mich in seinem Kurs zu haben."

„Ein sehr nachsichtiger Mann", sagte Priscilla.

„Du bist wirklich mutiger, als ich dachte", sagte Bonnie. „Ich hätte das nicht über mich gebracht."

Patty lächelte ein wenig. „Wenn man einer Frau etwas erklären muß", sagte sie wie jemand, der ein Naturgesetz wiedergibt, „ist es besser, eine Nachricht zu schreiben. Aber einem Mann erklärt man es besser persönlich."

12. Die Regeln der Etikette

Wenn ich die Etikette erfunden hätte", sagte Patty, „wären Party-Einladungen ein Jahr nach dem Termin einlösbar, und man hätte noch eine Nachfrist von drei Tagen."

„Ich glaube", sagte Priscilla, „auf die Art würdest du ganz darum herumkommen, Mrs. Millard zu besuchen."

„Genau", sagte Patty.

Die College-Präsidentin Mrs. Millard, umgangssprachlich „Mrs. Prexy" genannt, lud jedes Jahr die Studentinnen kurz vor dem Abschluß jeweils zu zehnt zum Essen ein. Patty war vor kurzem an der Reihe gewesen, war aber durch ein Mißgeschick auf der Krankenstation gewesen, und obwohl sie das Vergnügen versäumt hatte, fand sie es nötig, den Besuch abzustatten.

„Natürlich", sagte sie, „verstehe ich, daß man hingehen muß, wenn einem etwas an dem Essen liegt. Aber ich verstehe *nicht*, warum ein friedlicher Bürger, der nur in Ruhe gelassen werden will, sich plötzlich gezwungen sehen soll, sein bestes Kleid anzuziehen, seinen besten Hut aufzusetzen und seine besten Handschuhe nehmen soll, um jemanden zu besuchen, den er kaum kennt."

„Deine Genera", sagte Priscilla, „sind ein bißchen durcheinander geraten."

„Das", sagte Patty, „liegt an der Sprache. Ihr wißt schon, was ich meine. Stellt euch vor, was passieren würde", fuhr sie fort, „wenn jede Frau, der ich je in der Stadt begegnet bin, plötzlich auf die Idee käme, mich zum Essen einzuladen. Dann müßte ich mich nicht nur hinsetzen und hundert Absagen schreiben, sondern auch noch in den nächsten zwei Wochen hundert Besuche machen. Bei dem Gedanken schüttelt es mich!"

„Ich glaube nicht, daß du dir deswegen Sorgen machen mußt, Patty. Natürlich wissen wir, daß du beliebt bist, aber *so* beliebt nun auch wieder nicht!"

„Nein", sagte Patty, „ich habe nicht gedacht, daß ich wirklich so viele Einladungen bekommen würde. Man schwebt nur ständig in Gefahr."

Während dieses Gesprächs hatte Georgie Merriles auf der Couch am Fenster gesessen und den *Kaufmann von Venedig* mit einer Leidenschaftslosigkeit gelesen, die nicht den Beifall der Drama-Dozentin gefunden hätte. Als es im Zimmer zu dunkel zum Lesen geworden war, warf sie das Buch hin und gähnte. „Es wäre ein guter Witz gewesen", bemerkte sie, „wenn Bassanio das falsche Kästchen gewählt hätte", und sie wandte ihre Aufmerksamkeit dem Geschehen draußen auf dem Campus zu. Gruppen von Mädchen kamen den Pfad vom See entlang und ihre Stimmen, gemischt mit Lachen und dem Klirren der Schlittschuhkufen, ertönten in der anbrechenden Dämmerung. In den Fenstern flackerten Lichter auf, und in der Nähe zeichneten sich die Umrisse des Hauses ab, in dem die Präsidentin wohnte.

„Patty", sagte Georgie und drückte sich die Nase an der Fensterscheibe platt, „wenn du den Besuch wirklich vermeiden willst, hast du jetzt die Chance. Mrs. Millard ist gerade aus dem Haus gegangen."

Patty rannte in ihr Zimmer und öffnete ungestüm die Schubladen ihrer Kommode. „Priscilla", rief sie panisch, „weißt du noch, wo ich meine Karten habe?"

„Es ist zehn vor sechs, Patty, du kannst jetzt nicht gehen."

„Doch, kann ich. Die Uhrzeit spielt keine Rolle, solange sie nicht da ist. Ich gehe so, wie ich bin.“

„Nicht in einem Golf-Umhang!“

Patty zögerte einen Moment. „Nun“, gab sie zu, „ich nehme an, der Diener könnte es ihr erzählen. Ich werde einen Hut aufsetzen!“ Das klang nach einem enormen Zugeständnis. Wieder polterten die Schubladen und dann erschien sie in einem schwarzen Samthut mit Spitzenbesatz, einer braunen Anzugjacke über ihrer roten Bluse und einem blauen Golfrock, unter dem sehr schmutzige Stiefel hervorschauten.

„Patty, du bist eine Schande für das Zimmer!“ rief Priscilla. „Willst du damit sagen, daß du in einem kurzen Rock und diesen schrecklichen Eislaufschuhen zu Mrs. Millard gehen willst?“

„Der Diener wird nicht auf meine Füße schauen, ich bin ja oben so schön!“ Und Patty knallte die Tür hinter sich zu.

Georgie und Priscilla klebten förmlich am Fenster, um den Verlauf des Besuches zu beobachten.

„Sieh nur“, keuchte Priscilla. „Da kommt Mrs. Millard – sie geht durch die Hintertür hinein!“

„Und da ist Patty. O je, sie sieht lustig aus!“

„Ruf sie zurück“, schrie Priscilla und versuchte aufgeregt, das Fenster zu öffnen.

„Laß sie doch“, lachte Georgie, „wir werden uns prächtig über sie amüsieren.“

Das Fenster ging mit einem heftigen Ruck auf.

„Patty! Patty!“ kreischte Priscilla.

Patty wandte sich um und winkte huldvoll. „Ich kann nicht mehr umkehren – ich bin gleich wieder da!“ Und sie verschwand um die Ecke.

Die beiden starrten noch minutenlang das Haus an und rechneten halbwegs damit, daß es eine Art Explosion geben würde. Aber nichts geschah. Patty war wie vom Erdboden verschluckt, und aus dem Haus kam kein Zeichen. Dann zuckten sie die Achseln und zogen sich zum Abendessen um – mit der Gelassenheit, die ein Leben voller Schrecksekunden und Überraschungen sie gelehrt hatte.

Das Abendessen war schon halb vorbei und am Tisch hatten sie über Pattys Abmarsch diskutiert, als die junge Dame seelenruhig eintrat. Sie lächelte über die gespannten Gesichter und fragte, was für eine Suppe sie gehabt hatten.

„Bohnensuppe – sie war nicht gut“, sagte Georgie ungeduldig. „Was ist passiert? Hast du einen schönen Besuch gemacht?“

„Nein, Maggie, ich möchte heute Abend keine Suppe. Bringen Sie mir bitte ein Steak.“

„Patty!“ rief ein Chor bittender Stimmen, „was ist passiert?“

„Oh, ich bitte um Verzeihung“, sagte Patty liebenswürdig. „Ja, danke, es war ein sehr netter Besuch. Gibst du mir bitte das Brot, Lucille?“

„Patty, du bist gemein“, sagte Georgie. „Erzähl uns, was passiert ist.“

„Nun“, begann Patty gelassen, „ich fragte den Diener: ‚Ist Mrs. Millard da?‘, und er sagte (ohne auch nur zu lächeln): ‚Ich bin nicht sicher, Miss, kommen Sie bitte ins Wohnzimmer, und ich gehe nachsehen.‘ Ich wollte ihm gerade sagen, daß das nicht nötig sei, da ich wußte, daß sie nicht da sei, aber dann dachte ich, daß es vielleicht besser aussehen würde, wenn ich warten und es ihn selbst herausfinden lassen würde. Also trat ich ein und setzte mich auf einen rosa und weiß bestickten Louis-Quatorze-Stuhl. Vor mir hing ein großer Spiegel und ich hatte reichlich Zeit, meine Erscheinung zu mustern. Die Wirkung war zugegeben ein wenig sonderbar.“

„Ja, ein wenig“, stimmte Georgie zu.

„Und ich wurde etwas nervös“, fuhr Patty fort, „weil ich fürchtete, jemand von ihrer Familie würde hereinschauen, als der Mann zurückkam und sagte: ‚Mrs. Millard kommt in einer Minute.‘ Wenn ich dich in dem Moment gesehen hätte, Georgie Merriles, hätte es Mord und Totschlag gegeben. Mein erster Gedanke war die Flucht, aber der Mann stand in der Tür und Mrs. Prexy hatte meine Karte. Ich suchte noch fieberhaft nach einer guten Ausrede für meinen Aufzug, da kam die Dame herein, und ich stand auf und begrüßte sie liebenswürdig, ja beinahe überschwänglich. Ich sprach sehr schnell und versuchte sie zu hypnotisieren, damit sie den Blick nicht von meinem Gesicht abwenden würde, aber es half nicht – er wanderte nach unten, und an ihrer amüsierten Miene sah ich bald, daß er bei meinen Schuhen angekommen war. Ich konnte mich nicht mehr verstecken“, fuhr Patty fort und erwärmte sich zunehmend für ihr Thema. „Ich habe mich ihrer Gnade ausgeliefert und die ganze Wahrheit gestanden. Was für ein Eis ist das?“ fragte sie, beugte sich vor und sah besorgt einem Dienstmädchen nach, das vorbeiging. „Erzählt mir *bloß nicht*, sie servieren uns schon wieder Himbeere!“

„Nein, es ist Vanille. Erzähl weiter, Patty!“

„Ja, wo war ich stehengeblieben?“

„Du hattest ihr gerade die Wahrheit gesagt.“

„O ja. Sie sagte, sie habe die College-Mädchen schon immer einmal informell treffen und so kennenlernen wollen, wie sie wirklich sind, und sei sehr froh über diese Gelegenheit. Und da saß ich dann, sah aus wie ein Kaleidoskop und fühlte mich wie ein Trottel, und sie ging einfach davon aus, daß ich immer so herumlaufe. Schmeichelhaft, nicht wahr? Dann wurde das Essen angekündigt, und sie forderte mich zum Bleiben auf – sehr dringend sogar, weil ich nicht kommen konnte, als ich krank war.“ Patty sah sich lächelnd um.

„Was hast du gesagt? Hast du abgelehnt?“ fragte Lucille.

„Nein, ich habe angenommen und bin immer noch da und esse *pâté de foie gras.*“

„Nein, wirklich, Patty, was hast du gesagt?“

„Nun“, sagte Patty, „ich habe ihr gesagt, heute sei Eiskreme-Abend im College, den ich nur ungern verpassen würde, aber morgen sei Hammelfleisch an der Reihe, auf das ich ohne weiteres verzichten könne – wenn sie also die Einladung einfach verschieben würde, würde ich mit Freuden für morgen zusagen.“

„Patty“, rief Lucille entsetzt, „das hast du nicht gesagt!“

„Nur ein bißchen Lokalkolorit, Lucille“, lachte Priscilla.

„Aber“, widersprach Lucille, „wir haben vereinbart, nicht mehr Lokalkolorit zu spielen!“

„Hast du noch nicht begriffen“, sagte Priscilla, „daß Patty nicht ohne Lokalkolorit leben kann, ebensowenig wie ohne Essen? Es ist ein Teil ihrer Natur.“

„Keine Sorge“, sagte Patty gutmütig, „vielleicht glaubt ihr mir jetzt nicht, aber morgen Abend, wenn ich mein bestes Kleid anhabe, mit Prexy plaudere und Hummersalat verzehre, während ihr hier auf Hammelfleisch herumkaut, wird es euch leidtun.“

13. Ein Krachen hinter der Bühne

Ich liebe den Geruch von Pulver“, sagte Patty.

„Schießpulver oder Backpulver?“

Da Patty die Nase gerade in einer Dose Gesichtspuder vergraben hatte, fand sie es unnötig zu antworten.

„Es bringt meine Jugend zurück“, fuhr sie fort. „Die besten Zeiten meines Lebens waren mit Puder und Rouge verbunden – die Feiern zu Washingtons Geburtstag, Spielmannszüge, Maskenbälle, Theaterstücke im Internat und sogar lebende Bilder mit Motiven aus *Mother Goose*[16], als ich –“

Pattys Erinnerungen wurden von Georgie unterbrochen, die nervös auf und ab ging. „Komisch, daß noch nicht alle Schauspieler da sind. Ich habe ihnen gesagt, daß sie früh kommen sollen, damit wir sie zurechtmachen können und uns am Ende nicht hetzen müssen.“

„Oh, wir haben genug Zeit“, sagte Patty gemütlich. „Es ist noch nicht sieben, und wenn sie sich in ihren Zimmern umziehen, brauchen wir hier nicht lange, um sie zu schminken und ihnen die Perücken aufzusetzen. Es ist ja eine recht kleine Truppe. Am Abend der *Trig ceremonies*[17] mußten wir drei ganze Ballett-Tänze aufführen und hatten nur eine Dose Puder, da hatten wir es eilig. Ich dachte, ich erlebe nicht mehr, daß der Vor-

16 Mother Goose: Figur aus Kinderreimen und Märchen.

17 Trig ceremonies: Am Vassar College, das auch die Autorin besuchte, wurden jährlich von den Studentinnen am Ende des zweiten Jahres Theaterstücke aufgeführt, um den Jüngeren zu zeigen, was auf sie zukam.

hang fällt. Erinnerst du dich noch an das Kettenhemd, das wir für Bonnie Connaught gemacht hatten? Es bestand aus Stahlschwämmen! Sie kosteten dreiundsechzig Cent und der Zehn-Cent-Laden wollte sie uns erst gar nicht ausleihen, und dann, nachdem wir drei Tage in jeder freien Minute daran gearbeitet hatten, merkten wir im letzten Moment, daß wir kein Loch gelassen hatten, durch das sie hineinschlüpfen konnte, und –“

„Oh, sei still, Patty“, sagte Georgie nervös. „Ich kann mir nicht merken, was ich zu tun habe, wenn du die ganze Zeit redest.“

Wer gerade ein Theaterstück produziert und einen Ruf zu verlieren hat, darf ruhig etwas reizbar sein. Patty zuckte nur die Achseln und ging durch die Bühnentür in die halb erleuchtete Halle. Dort traf sie Cathy Fair an, die anscheinend ziellos auf und ab ging.

„Hallo, Cathy“, sagte Patty, „was machst du hier?“

„Ich bin die Platzanweiserin und wollte sehen, ob diese albernen Studentinnen aus dem zweiten Jahr wieder die Nummern durcheinander gebracht haben.“

„Ich finde, die Sitze stehen ein bißchen zu dicht zusammen“, sagte Patty. Sie quetschte sich in eine Reihe und fand kaum Platz für ihre Knie.

„Ja, ich weiß, aber anders kann man achthundert Leute nicht in der Halle unterbringen. Wenn sie erst mal drin sind, müssen sie einfach stillsitzen, das ist alles. Was machst du selbst hier?“ fuhr sie fort. „Ich wußte nicht, daß du überhaupt zu den Organisatorinnen gehörst. Oder hilfst du nur Georgie?“

„Ich spiele mit“, sagte Patty.

„Oh, wirklich? Ich habe das Programm heute gesehen, hatte es aber vergessen. Ich habe mich oft gewundert, warum du nie in einem der Theaterstücke mitgespielt hast.“

„Das Schicksal und die Fakultät waren dagegen“, seufzte Patty. „Mein schauspielerisches Talent wurde erst kurz vor den Prüfungen im Frischlingsjahr entdeckt. Und nach den Prüfungen, als man mich zum Mitmachen aufgefordert hatte, meinte das Kollegium, ich sollte die Zeit nutzen, um Griechisch zu wiederholen. Als das Stück im zweiten Jahr an die Reihe kam, war ich auch anderweitig beschäftigt und konnte nicht mitmachen, und dieses Jahr wurden mir meine Privilegien entzogen, weil ich zu spät aus den Weihnachtsferien zurückgekommen bin."

„Aber du hast doch gesagt, du würdest mitspielen?"

„Oh", sagte Patty, „es ist nur eine kleine Rolle und mein Name wird nicht genannt."

„Was für eine Rolle ist es?"

„Ich bin ein Krachen."

„Ein Krachen?"

„Ja, ‚ein Krachen hinter der Bühne'. Lord Bromley sagt: ‚Cynthia, für dich ertrage ich alles. Ich folge dir bis ans Ende der Welt.' An dieser Stelle ist ein Krachen hinter der Bühne zu hören. Ich", sagte Patty stolz, „bin das Krachen. Ich sitze hinter einem mondhellen Balkon in einer Ecke, die etwa zwei Quadratfuß groß ist, und werfe einen Lampenzylinder in eine Schachtel. Es klingt vielleicht nicht nach einer sehr wichtigen Rolle, aber es ist der Punkt, an dem die Handlung ihre entscheidende Wendung nimmt."

„Ich hoffe, du bekommst kein Lampenfieber", lachte Cathy.

„Ich kämpfe dagegen an", sagte Patty. „Da kommen der Diener, Lord Bromley und Cynthia. Ich muß die beiden schminken."

„Warum schminkst du Leute, wenn du nicht im Komitee bist?"

„Oh, ich habe einmal in einer Zeit geistiger Verwirrtheit Unterricht im Bemalen von Porzellan genommen, und sollte daher wissen, wie es geht. Leb wohl!"

„Leb wohl. Wenn du Blumen bekommst, lasse ich sie dir von einer Platzanweiserin bringen.“

„Tu das“, sagte Patty, „ich bekomme sicher eine Menge!“

Hinter der Bühne herrschte fröhliches Durcheinander. Georgie stand in einem kurzen Rock, mit hochgekrempelten Ärmeln und einem Notizbuch in der Hand mitten auf der Bühne und erteilte den Bühnenbauern und dem verwirrten Komitee Anweisungen. Patty saß im Umkleideraum und schminkte die Darstellerinnen.

„Oh, Patty“, protestierte Cynthia und sah entsetzt in den Spiegel, „ich sehe eher aus wie eine Soubrette als wie eine Heldin!“

„So solltest du auch aussehen“, erwiderte Patty. „Halte still, du bekommst noch einen Klecks aufs Kinn.“

Cynthia wandte sich an den treuen Lord Bromley, der im Hintergrund saß und höflicherweise den Damen den Vortritt ließ. „Sieh nur, Bonnie, findest du nicht auch, daß ich zu rot bin? Es wird alles abfärben, wenn du mich küßt!“

„Wenn es so leicht abgeht, bist du besser dran als die meisten anderen Leute, die ich schminke.“ Patty lächelte wissend und erinnerte sich daran, wie Priscilla nach einem früheren Theaterauftritt die halbe Nacht ihr Gesicht eingeweicht hatte und dann am nächsten Morgen mit finsteren Brauen und einer hektischen Röte auf beiden Wangen zum Frühstück erschienen war. „Du mußt bedenken, daß Rampenlicht viel Farbe verblassen läßt“, erklärte sie herablassend. „Du würdest furchtbar aussehen, wenn ich dich so gehen ließe, wie du anfangs auf die Bühne wolltest. Die Nächste! Nein“, sagte Patty, als der Diener auftauchte, „du bist ja erst im zweiten Akt dabei. Ich kümmere mich erst um den zornigen Vater.“

Der zornige Vater wurde aus einer Ecke gezerrt, in der er besorgt seinen Text vor sich hin gemurmelt hatte.

„Was ist los?“ fragte Patty und fing an, reichlich Falten aufzutragen, „hast du Angst?“

„N-nein“, sagte der Vater, „ich habe keine Angst, ich habe nur Angst, daß ich noch Angst bekomme.“

„Das läßt du besser bleiben“, sagte Patty streng. „Wir erlauben heute Abend kein Lampenfieber.“

„Patty, du wirst sicher mit Georgie Merriles fertig – bring sie dazu, mich ohne Perücke auf die Bühne zu lassen“, rief Cynthia. Sie kam gerade zurück und hielt einen Schwall gelber Locken empor – von einer Farbe, die die Natur nie hervorgebracht hat.

Patty sah die Perücke kritisch an. „Die ist vielleicht ein bisschen zu golden.“

„Golden?“ sagte Cynthia. „Sie ist schlicht und ergreifend *orange*! Warte ab, bis du das im grellen Licht siehst! Er nennt mich seine dunkeläugige Schönheit, und ich bin sicher, daß niemand mit dunklen Augen – oder sonstigen Augen – solche Haare haben kann. Meine eigenen Haare sehen viel besser aus.“

„Warum trägst du dann nicht dein eigenes? Runzel die Stirn, Vater, damit ich sehen kann, wie die Falten verlaufen.“

„Georgie hat zwei Dollar dafür bezahlt, sie auszuleihen, und sie besteht darauf, daß das Geld nicht verschwendet wird, auch wenn ich damit scheußlich aussehe und es das Stück ruiniert!“

„Unsinn“, sagte Patty. Sie schob den Vater beiseite und wandte der Frage ihre ungeteilte Aufmerksamkeit zu. „Dein eigenes Haar sieht wirklich besser aus. Verlege einfach die Perücke und geh Georgie aus dem Weg, bis sich der Vorhang hebt. Die ersten Zuschauer kommen“, sagte sie, an alle im Raum gerichtet, „aber ihr müßt noch hierbleiben. Ihr macht schrecklichen

Krach, und man hört euch im ganzen Haus. Wozu machst du solchen Lärm?“ fragte sie Lord Bromley. Der stapfte mit schweren Schritten herbei, die den Boden erzittern ließen.

„Ich kann nichts dafür“, sagte er mürrisch. „Sieh dir nur diese Stiefel an. Sie sind so groß, daß ich sie ausziehen kann, ohne die Schnürsenkel aufzubinden.“

„Das ist nicht meine Schuld. Ich habe nichts mit den Kostümen zu tun.“

„Ich weiß, aber was soll ich tun?“

„Mach dir nichts draus“, sagte Patty beruhigend, „sie sehen gar nicht so schlimm aus. Du mußt versuchen zu gehen, ohne die Füße zu heben.“

Sie ging auf die Bühne hinaus, wo Georgie gerade den Bühnenbauern letzte Anweisungen gab.

„Sobald der Vorhang nach dem ersten Akt fällt, gestalten Sie den Wald in ein Wohnzimmer um, und machen Sie keinen Lärm beim Hämmern! Wenn Sie hämmern müssen, tun Sie es, während das Orchester spielt. Wie sieht er aus?“ fragte sie besorgt und wandte sich an Patty.

„Wunderschön“, sagte Patty. „Ich hätte ihn fast nicht wiedererkannt.“

Der „Wald“ hatte in den letzten vier Jahren als Kulisse für jede Szene gedient, die im Freien spielte, und das Publikum reagierte meistens mit einem Stöhnen auf den Anblick.

„Ich wollte gerade nachschauen, ob die Schauspieler fertig sind“, sagte Georgie.

„Sie sind alle geschminkt und sitzen jetzt im Umkleideraum und bekommen Lampenfieber. Was soll ich jetzt machen?“

„Laß mich nachsehen“, sagte Georgie und schlug in ihrem Buch nach. „Eine aus dem Komitee souffliert, eine andere bleibt bei den Bühnenbauern und paßt auf, daß sie den Vorhang und die Lampen an die richtigen

Stellen hängen, eine gibt Hinweise und zwei helfen beim Umziehen. Cynthia muß innerhalb von vier Minuten ihr Reitkostüm gegen ein Ballkleid tauschen. Ich denke, du solltest ihr auch noch helfen."

„Alles, was du möchtest", sagte Patty gehorsam. „Ich werde mich auf einen Schemel stellen und das Ballkleid auf sie fallen lassen, sobald sie erscheint, wie einen Harnisch auf ein Schlachtroß! Ist hier draußen alles erledigt? Wie spät ist es?"

„Ja, es ist alles fertig, und es ist fünf vor acht. Wir können anfangen, wenn das Publikum bereit ist."

Sie schielten durch den Spalt zwischen den schweren Samtvorhängen und sahen ein Meer von Gesichtern. Achthundert Mädchen in leichten Abendkleidern redeten, lachten und sangen. Lieder ertönten in verschiedenen Ecken und waren weithin zu hören; manchmal trafen sie sich in der Mitte des Raumes und prallten aufeinander, sehr zum Entsetzen derer, die mehr Wert auf Harmonie legten als auf Lautstärke.

„Hier kommen die Alten Mädchen!" sagte Patty, als eine Prozession aus etwa fünfzig jungen Damen auf den reservierten Plätzen in der ersten Reihe Platz nahm. „Es sind viele aus dem letzten Abschlußjahrgang da! Was machen die Frischlinge? Seht nur, ich glaube, sie bringen ihnen ein Ständchen!"

Die Juniorinnen standen gleichzeitig auf, wandten sich den Ehemaligen zu und sangen ein Lied, das eher gefühlvoll als harmonisch klang.

„Ich hoffe, es wird ein Erfolg", seufzte Georgie. „Wenn es nicht mindestens so gut wird wie das Stück unserer Vorgängerinnen, *sterbe* ich!"

„Oh, das wird es", sagte Patty ermutigend. „Es kann nur besser sein!"

„Jetzt singt der Chor zwei Lieder", sagte Georgie. „Gott sei Dank, es sind neue!" fügte sie heftig hinzu. „Und das Orchester spielt eine Ouvertüre, und dann geht der Vorhang auf. Geh und sag ihnen, daß sie für den ersten Akt herauskommen sollen."

Lord Bromley stand hinter den Kulissen und betrachtete angewidert den Tisch für das Festmahl. „Sieh nur, Patty", rief er, als sie vorübereilte. „Schau dir das Zeug an, das Georgie Merriles uns als Wein angedreht hat. Ihr könnt nicht verlangen, daß ich dieses Gebräu trinke!"

Patty blieb einen Moment stehen. „Was ist daran auszusetzen?" fragte sie, goß etwas in ein Glas und hielt es gegen das Licht.

„Auszusetzen? Dieser Wein besteht aus Johannisbeermarmelade, Wasser und kaltem Tee!"

„Ich habe ihn selbst gemacht", sagte Patty mit Würde. „Die Farbe ist doch wunderschön!"

„Aber ich muß mein Glas in einem Zug leeren", empörte sich der Lord.

„Ich bin sicher, daß Johannisbeermarmelade und Tee dir nicht schaden werden. Sei froh, daß es nicht giftig ist." Und Patty eilte weiter.

Der Chor sang die beiden neuen Lieder und bekam verdienten Applaus von einem Publikum, das lange gelitten hatte, und das Orchester begann mit der Ouvertüre.

„Alle auf die Plätze", sagte Georgie leise, „und du schau bitte in dein Buch", bemerkte sie streng zur Souffleuse, „bei der Generalprobe hast du zwei Mal die Zeile nicht gefunden."

Die Klänge der Ouvertüre verstummten, eine Glocke läutete, der Vorhang ging auf und gab den Blick auf Cynthia frei, die auf einer Gartenbank im Schloßpark saß (zunächst der Wald von Arden).

Als der Vorhang am Ende des Aktes fiel und der Applaus ertönte, umarmte Patty Georgie voller Genugtuung. „Es ist fünfzig Mal besser als letztes Jahr!"

„Gott gebe, daß Theo Granby da ist!“ sagte Georgie. (Theo Granby hatte das Stück im letzten Jahr organisiert.)

Der Vorhang öffnete sich zum vierten Akt und Patty zwängte sich in den etwas engen Raum hinter dem Balkon. Glücklicherweise – oder eher unglücklicherweise – war hier ein Fenster. Patty öffnete es und setzte sich in die Ecke der Bank, den Lampenzylinder stellte sie griffbereit ans andere Ende. Es dauerte noch, bis der Krach fällig war, und Patty, die vor kurzem Astronomie gewählt hatte, verbrachte die Zeit damit, die Sterne zu betrachten.

Auf der Bühne erreichten die Geschehnisse ihren Höhepunkt. Lord Bromley war ausgezeichnet als Liebender; das Publikum nahm ihn ernst und lachte nicht wie sonst bei den romantischen Szenen.

„Cynthia“, bat er flehentlich, „sag, daß du die Meine bist, und ich tue alles für dich. Ich folge dir bis ans Ende der Welt.“ Er sah ihr liebevoll in die Augen und wartete auf das Krachen. Es blieb jedoch totenstill und er schaute weiter liebevoll, während die Zuschauer anfingen zu schmunzeln.

„Zum Teufel mit Patty!“ murmelte er wütend. „Ich hätte wissen müssen, daß sie so etwas anstellt! – Was war das?“ fragte er laut. „Hast du das Geräusch gehört?“

„Nein“, sagte Cynthia wahrheitsgemäß, „ich habe nichts gehört.“

„Tu so, als ob“, flüsterte er und sie improvisierten weiter.

Nach fünf Minuten hoffnungslosen Gestammels fanden sie dank der Souffleuse den Faden wieder, und das Stück ging weiter, und das Publikum hatte glücklicherweise nicht bemerkt, daß etwas fehlte.

Zehn Minuten später sagte Lord Bromley gerade „Cynthia, laß uns von hier fliehen. Diese dunklen Räume bedrücken mich, die Stille –“, und da ertönte das Krachen.

Im ersten Moment war das Publikum zu entgeistert, um zu merken, daß auch die Schauspieler verblüfft waren. Dann nahm Lord Bromley, der sich langsam an Pannen gewöhnte, sich zusammen und stieß hervor: „Hör nur! Was war das für ein Geräusch?“

„Ich glaube, es war ein Krachen“, sagte Cynthia.

Er ergriff ihre Hand und rannte zum Balkon zurück. „Sag uns unsere nächsten Zeilen“, sagte er zur Souffleuse, als er an ihr vorbeikam.

Die Souffleuse hatte das Buch fallenlassen und konnte die Stelle nicht finden.

„Laßt euch etwas einfallen“, zischte jemand hinter dem Balkon.

Eine Stille trat ein, während die beiden aufgeregt auf der Bühne hin und her eilten. Dann streckte der verzweifelte Lord Bromley mit einer bittenden Geste die Arme aus. „Cynthia“, platzte er höchst glaubwürdig heraus, „ich kann diese schreckliche Spannung nicht ertragen. Laß uns fliehen!“

Und sie flohen, ganze drei Seiten zu früh, und vergaßen, den Brief zu hinterlassen, der den herzlosen Vater von der Tatsache in Kenntnis setzen sollte.

Georgie marschierte hinter den Kulissen auf und ab, rang die Hände und verwünschte den Tag, an dem Patty zur Welt gekommen war.

„Sag dem Vater, daß er erscheinen soll, bevor sie aufhören zu klatschen“, sagte Lord Bromley, „dann wird niemand etwas merken.“

Der arme alte Mann, dem die Perücke an einem Ohr hing, wurde ohne Umschweife auf die Bühne gescheucht. Dort stapfte er auf und ab und seine Schwüre, seiner undankbaren Tochter nie zu vergeben, klangen so überzeugend, daß das Publikum sich gar nicht fragte, wie er von dem Verrat erfahren haben konnte. Die beiden Ausreißer kamen rechtzeitig von ihrer Trauung zurück, besiegten den Groll des alten Mannes, empfingen den elterlichen Segen und der Vorhang fiel vor einer Szene häuslichen Glücks, das die Frischlinge auf der Galerie begeisterte.

Patty krabbelte unter dem Balkon hervor und fiel vor Georgie auf die Knie.

Lord Bromley zog sie hoch. „Mach dir nichts draus, Patty. Das Publikum hat nichts gemerkt, und außerdem war es besser so. Mein Schnurrbart hätte keine zwei Minuten mehr gehalten."

Sie hörten jemanden rufen: „Wie geht es Georgie Merriles?"

Und hundert Stimmen antworteten: „Es geht ihr gut!"

„Wem geht es gut?"

„G–e–o–r–g–i–e M–e–r–r–i–l–e–s."

„Wie geht es den Schauspielern?"

„Ihnen geht es gut!"

Die Bühnentür ging auf und eine Schar von Freunden strömte herein, um zu gratulieren. Sie drängten sich um die zerzausten Schauspieler und das Komitee. „Das war das beste Stück, seit wir auf dem College sind!" – „Die Frischlinge sind ganz aus dem Häuschen!" – „Lord Bromley, du wirst einen Monat lang Blumen bekommen!"

„Patty", rief die Platzanweiserin über die Köpfe der anderen hinweg, „laß mich dir gratulieren. Ich saß ganz hinten und habe nichts gehört bis auf dein Krachen. Es klang *großartig*!"

„Patty", wollte Georgie wissen, „was in aller Welt hast du gemacht?"

„Ich habe die Sterne gezählt", sagte Patty zerknirscht, „und dann ist es mir zu spät wieder eingefallen. Ich bin aufgesprungen und der Lampenzylinder ist runtergefallen. Es tut mir furchtbar leid."

„Macht nichts", lachte Georgie, „es ist ja gut ausgegangen, also verzeihe ich dir. Alle Schauspieler und Organisatoren", sagte sie mit erhobener Stimme, „kommen zum Essen in mein Zimmer. Leider kann ich euch nicht alle einladen", sagte sie zu den Mädchen, die sich im Türrahmen drängten, „ich wohne in einem Einzelzimmer."

14. Das Geheimnis um eine verfolgte Studentin

„Oh, Bonnie – Bonnie Connaught! Priscilla! Wartet einen Moment!“ rief ein Mädchen vom Golfplatz aus, als die beiden eines Nachmittags nach Hause schlenderten und ihre Caddie-Taschen hinter sich her zogen. Sie wandten sich um und warteten, bis Bonnies Cousine, Mildred Connaught aus dem zweiten Jahr, sie eingeholt hatte. Sie packte sie aufgeregt am Arm und warf einen Blick über die Schulter wie ein Straftäter, der auf frischer Tat ertappt wurde.

„Ich muß euch etwas erzählen“, keuchte sie. „Kommt mit, hier sieht uns keiner!“ Und sie verschwand Hals über Kopf in einer Gruppe Kiefern, die am Wegesrand wuchs.

Priscilla und Bonnie folgten gemächlicher und ließen sich auf die weichen Tannennadeln sinken, die den Boden bedeckten. Aus ihrer Haltung sprach belustigte Nachsicht.

„Nun, Mildred, was ist los?“ fragte Bonnie milde.

Mildred senkte die Stimme zu einem beeindruckenden Flüstern, obwohl weit und breit niemand anders zu sehen war. „Ich werde *verfolgt*“, sagte sie feierlich.

„Verfolgt?“ rief Bonnie entgeistert. „Bist du verrückt, Kind? Du benimmst dich wie ein Junge, der Groschenromane gelesen hat.“

„Hört zu, Mädchen! Ihr dürft es keiner Menschenseele erzählen, denn es ist ein großes Geheimnis. Wir wollen heute Abend den Jahrgangsbaum[18] einpflanzen, und ich bin die Vorsitzende des Komitees. Alles ist vorbereitet – die Kostüme und die Pläne –, so daß wir nach draußen gehen können, ohne von jemandem gesehen zu werden. Die Frischlinge ahnen nicht, daß es heute Nacht so weit ist. Aber sie haben herausgefunden, daß ich die Vorsitzende des Komitees bin und“, Mildreds Augen weiteten sich vor Aufregung, „sie stellen mir seit einer Woche nach. Sie haben Mädchen auf mich angesetzt, die mich *beobachten*, und ich kann keinen Schritt machen, ohne daß mir ein Frischling nachläuft. Als ich die Eiscreme bestellen wollte, tauchte eine direkt neben mir auf, und ich mußte so tun, als sei ich wegen Sodawassers gekommen. Ich mußte den Rest des Komitees die ganze Arbeit machen lassen, solche Angst hatte ich, die Frischlinge würden den Zeitpunkt herausfinden . Anfangs war es lustig, aber jetzt werde ich nervös. Es ist schrecklich, wenn man sich die ganze Zeit beobachtet fühlt. Ich komme mir vor, als hätte ich einen Mord begangen, und sehe mich die ganze Zeit um – wie – wie Macbeth.“

„Das ist ja *furchtbar*.“ Bonnie schauderte. „Sehr aufregend für mich, daß ein Mitglied meiner Familie sich für ihren Jahrgang in solche Gefahr begibt!“

„Ihr braucht nicht zu lachen“, sagte Mildred. „Es ist eine ernste Sache! Wenn diese Frischlinge unsere Vorbereitungen stören, ist alles im Eimer! Aber das wird ihnen nicht gelingen“, fügte sie mit einem bedeutungsvollen Lächeln hinzu. „Sie sind anderweitig beschäftigt. Wir haben uns für heute Abend entschieden, denn bei den Archäologen gibt es einen Vortrag einer Alumna, die in Rom Ausgrabungen gemacht hat.

18 Der „Class Tree“ eines Jahrgangs ist am Vassar College seit 1868 Tradition.

Den Frischlingen wurde gesagt, daß sie hingehen sollen, wegen ihres Lateins. Stellt euch vor, wie die sich fühlen, wenn sie im Hörsaal festsitzen und versuchen, intelligente Gesichter zu machen, während sie uns draußen schreien hören!“

Priscilla und Bonnie lächelten anerkennend. Es war ja noch nicht so lange her, daß sie selbst im zweiten Jahr gewesen waren, und sie erinnerten sich an ihre eigenen Baum-Rituale, während die Frischlinge eingesperrt gewesen waren.

„Aber das Problem ist“, fuhr Mildred fort, „daß es für mich wichtiger ist, dorthin zu kommen, als für alle anderen, denn ich muß das Loch graben – eigentlich gräbt Peters es, ich mache nur den ersten Spatenstich –, aber das geht nicht wegen dieser lästigen Verfolgerin. Sobald ihr mein Verhalten verdächtig vorkommt, sagt sie den anderen Bescheid.“

„Ich verstehe“, sagte Bonnie, „aber was haben Priscilla und ich damit zu tun?“

„Nun“, sagte Mildred vorsichtig, „ihr seid beide groß und ihr sein unsere Schwester-Klasse. Ihr solltet uns helfen.“

„Natürlich“, sagte Bonnie, „aber wie?“

„Also, ich hatte folgende Idee: Wenn ihr nach dem Gottesdienst die Allee entlang schlendert – ganz unauffällig um den See herum –, dann nehme ich etwas später den gleichen Weg und wenn die Spionin mir folgt, könnt ihr sie euch schnappen und –“

„– sie in den See werfen?“ fragte Bonnie.

„Nein, natürlich nicht! Wendet keine Gewalt an! Haltet sie nur höflich auf, bis ihr uns rufen hört – nehmt sie auf einen Spaziergang mit. Sie wird sich geehrt fühlen.“

Bonnie lachte. Das Programm versprach Unterhaltung. „Ich finde es nicht unmoralisch, dafür zu sorgen, daß ein Frischling sich verspätet – wenn sie irgendwo hin will, wo sie gar nichts zu suchen hat. Was meinst du, Pris?“

„Es ist nicht gerade ein Sonntagsschul-Ausflug“, gestand Priscilla, „aber wir haben das gleiche Recht wie sie, Detektiv zu spielen.“

„Auf jeden Fall“, sagte Bonnie. „Sherlock Holmes und sein Freund Dr. Watson lösen das Geheimnis um die verfolgte Studentin.“

„Ihr habt mein Leben gerettet“, sagte Mildred gefühlvoll. „Vergeßt es nicht! Gleich hinter der Kapelle am See.“ Sie schaute argwöhnisch durch die Zweige. „Ich habe die Schlüssel zur Turnhalle, also können wir das Buffet während des Gottesdienstes aufbauen. Lungert irgendwo jemand herum? Ich glaube, ich kann jetzt gehen, ohne daß mich jemand sieht. Wiedersehen“, und sie eilte davon wie ein gehetztes Tier.

Bonnie sah ihr nach und lachte. „‚Die Jugend war eine herrliche Zeit, aber etwas übereifrig[19]‘“, zitierte sie und die beiden machten sich auf den Nachhauseweg.

Sie trafen Patty in Wörterbücher und Grammatiken vertieft an; sie hatte gerade einen Anfall von Lerneifer. Nur unter Protest ließ sie sich lange genug unterbrechen, um von dem bevorstehenden Abenteuer zu hören.

„Ihr Kindsköpfe!“ rief sie aus. „Seid ihr immer noch nicht erwachsen? Ist es nicht ein wenig unter der Würde von Seniorinnen – fast schon Alumnae –, Frischlinge zu entführen?“

„Wir entführen keine Frischlinge“, verteidigte sich Bonnie, „wir bringen ihnen Manieren bei. Es ist meine Pflicht, meine kleine Cousine zu beschützen.“

---

19 „Youth was a great time, but somewhat fussy“: Das Zitat stammt aus einem Brief von Robert Louis Stevenson. (The Letters of Robert Louis Stevenson Volume 1. Chapter VII.)

„Du kannst mitkommen und uns helfen“, sagte Priscilla großzügig.

„Danke“, sagte Patty hochnäsig, „ich habe keine Zeit, um mit euch Kindern zu spielen. Cathy Fair und ich lernen heute Abend Altenglisch.“

Als Patty an diesem Abend auf seitenweise „Beowulf“ eingestimmt war und vor der Tür der Kapelle auf Cathy wartete, kam die Lateinprofessorin mit einer Fremden heraus.

„Oh, Miss Wyatt!“ rief sie erleichtert und stürzte auf Patty zu. „Ich möchte Sie Miss Henderson vorstellen, eine unserer Alumnae, die heute Abend vor der Archäologischen Gesellschaft einen Vortrag halten wird. Sie war mehrere Jahre nicht hier und möchte die neuen Gebäude sehen. Haben Sie Zeit, ihr ein wenig vom Campus zu zeigen, bevor der Vortrag beginnt?“

Patty verneigte sich und murmelte, daß sie das gern tun würde. Sie warf Cathy einen gequälten Blick zu und verschwand mit der Absolventin. Als sie über den Campus gingen, leierte Patty alles herunter, was sie über die verschiedenen Gebäude wußte, und Miss Henderson zeigte überschwängliche Begeisterung. Sie war recht jung und enthusiastisch für eine promovierte Archäologin, fand Patty, und sie fragte sich verzweifelt, wie sie sie loswerden konnte, um zu „Beowulf“ und Cathy zurückzukommen.

Sie umrundeten die Spitze eines kleinen Hügels und Miss Henderson rief begeistert aus: „Da ist ja noch der See, genau wie früher!“

Patty verkniff sich die Bemerkung, daß Seen die Angewohnheit hatten, an ihrem Platz zu bleiben, und fragte höflich, ob Miss Henderson ein wenig rudern wolle.

Miss Henderson fand den Vorschlag gut, aber sie hatte ihre Uhr vergessen und fürchtete, nicht genug Zeit zu haben.

Patty sah sich nach weiteren interessanten Objekten um und erspähte Mildred Connaught, die langsam um den See spazierte. Sie hatte das Sherlock-Holmes-Abenteuer ganz vergessen, und plötzlich fiel ihr etwas ein. Zu ihrer Ehrenrettung sei gesagt, daß sie einen Augenblick zögerte, aber die nächste Bemerkung der Absolventin wurde ihr zum Verhängnis. Sie säuselte etwas davon, daß sie sich fremd fühle und gern ein wenig vom richtigen Leben am College sehen würde.

Es wäre ein Jammer, ihr den Wunsch nicht zu erfüllen, wenn es so leicht geht, dachte Patty, und laut fügte sie hinzu: „Wir haben sicher Zeit für eine kleine Ruderpartie, Miss Henderson. Gehen Sie ruhig weiter, ich laufe zurück und hole meine Uhr, es dauert keine Minute."

„Das möchte ich nicht, es ist zu viel Aufwand", protestierte Miss Henderson.

„Aber ganz und gar nicht", widersprach Patty freundlich. „Ich nehme eine Abkürzung, und dann treffen wir uns bei dem kleinen Bootshaus. Immer geradeaus, Sie können es nicht verfehlen. Folgen Sie einfach dem Mädchen dort drüben", und sie rannte davon.

Die Vortragsrednerin sah ihr einen Moment skeptisch hinterher und ging dann dem Mädchen nach, das einen Blick über die Schulter warf und seine Schritte beschleunigte. Unter den Bäumen war es schon dämmerig, und die Absolventin beeilte sich, um das Mädchen nicht aus den Augen zu verlieren, aber es bog unerwartet um eine Ecke und verschwand. Im gleichen Augenblick betraten zwei Mädchen den Pfad, die anscheinend den Baumkronen entstiegen waren.

„Guten Abend", sagten sie liebenswürdig, „machst du einen Spaziergang?"

Die Absolventin fuhr zusammen, faßte sich aber gleich wieder und antwortete höflich, daß sie nur ein wenig über den Campus schlendere.

„Vielleicht möchtest du mit uns schlendern?“ fragten sie.

„Danke, Sie sind sehr nett, aber ich bin mit einer Studentin zum Rudern verabredet.“

Priscilla und Bonnie tauschten begeisterte Blicke. Sie hatten offenbar eine vielversprechende junge Dame erwischt.

„O nein, es ist zu spät zum Rudern. Du könntest Malaria bekommen“, sagte Priscilla. „Komm, setz sich sich mit uns auf den Zaun und laß uns die Sterne bewundern; es ist ein herrlicher Abend.“

Die Absolventin warf einen besorgten Blick auf den Zaun, dessen oberste Latte ihr ungewöhnlich schmal vorkam. „Sie sind sehr gütig“, stammelte sie. „Aber ich kann leider nicht bleiben. Das Mädchen wartet sicher.“

„Wer ist das Mädchen?“ fragten sie.

„Ich erinnere mich nicht an ihren Namen.“

„Mildred Connaught?“ schlug Bonnie vor.

„Nein, ich glaube nicht, aber ich kann es wirklich nicht sagen. Ich habe sie gerade erst kennengelernt.“ Miss Henderson war zunehmend verwirrt. Zu ihren Zeiten war es nicht üblich gewesen, daß Studentinnen Fremden auflauerten und sie zu Spaziergängen und zum Auf-dem-Zaun-Sitzen aufforderten.

„Ach, bleib doch bei uns“, bettelte Bonnie und legte ihr die Hand auf den Arm. „Wir sind so allein und brauchen jemanden zum Reden – wir verraten dir auch ein Geheimnis!“

„Es tut mir leid“, murmelte Miss Henderson, ganz durcheinander, „aber –“

„Wir erzählen dir das Geheimnis trotzdem“, sagte Bonnie großzügig, „ich bin sicher, es wird dich interessieren. Die Studentinnen aus dem zweiten Jahr stellen heute Abend ihren Baum auf!“

„Und wußtest du“, fiel Priscilla ein, „daß die Frischlinge eigentlich auch dabei sein sollten – es spielt keine

Rolle, wenn sie nicht eingeladen sind. Aber was meinst du, wo die Frischlinge heute Abend sind? Sie hören einen langweiligen kleinen Vortrag über das Forum Romanum."

„Wir wollen natürlich nicht aufdringlich sein", fügte Bonnie hinzu, „aber wir würden dir wirklich gern Gesellschaft leisten, bis der Vortrag zu Ende ist."

„Bis der Vortrag zu Ende ist! Aber ich soll ihn doch halten", japste Miss Henderson.

Bonnie grinste zufrieden. „Ich freue mich, dich kennenzulernen", sagte sie und verbeugte sich. „Und vielleicht weißt du nicht, wer wir sind. Ich bin Mr. Sherlock Holmes, und das ist mein Freund Dr. Watson."

Dr. Watson verbeugte sich ebenfalls und bemerkte, es sei eine unerwartete Freude. Er habe oft von der berühmten Wissenschaftlerin gehört, aber nicht zu hoffen gewagt, ihr je zu begegnen.

Miss Henderson, die sich mit moderner Literatur nicht gut auskannte, wirkte verwirrter denn je. Ihr schoß der Gedanke durch den Kopf, daß sich in der Nachbarschaft ein Irrenhaus befinde, und die Vorstellung war nicht beruhigend.

„Wir werden dir keine Handschellen anlegen", sagte Bonnie edelmütig, „wenn du einfach mitkommst."

Miss Henderson fand sich trotz ihrer Beteuerungen, daß sie den Vortrag halten solle, auf dem Zaun wieder, zwischen zwei Mädchen, die ihre Ellbogen umklammerten. Langsam ging ihr ein Licht auf und ihr dämmerte, daß sie mehr vom wirklichen College-Leben mitbekam, als sie gehofft hatte.

„Wie spät ist es?" fragte sie besorgt.

„Laut meiner Uhr zehn nach acht, aber ich glaube, sie geht ein wenig nach", sagte Bonnie.

„Ich fürchte, du wirst zu spät zu deinem Vortrag kommen", sagte Priscilla. „Aber es wäre ein Jammer, ihn nicht zu halten! Trag ihn uns vor!"

„Ja, tu das“, drängte Bonnie. „Ich liebe das Forum Romanum!“

Miss Henderson wahrte ehrwürdiges Schweigen und die Stille wurde nur vom Quaken der Frösche und den gelegentlichen Bemerkungen der beiden Detektive unterbrochen. Sie hatte gerade alle Hoffnung aufgegeben, die Archäologische Gesellschaft je zu Gesicht zu bekommen, und sich mit der Aussicht abgefunden, die ganze Nacht auf dem Zaun zu sitzen, als plötzlich ein Triumphlied auf dem Campus erscholl, begleitet von Jubel und Geschrei.

Als die ersten Klänge ertönten, sprangen Bonnie und Priscilla vom Zaun und rissen die Absolventin mit. Jede ergriff eine ihrer Hände, und sie begannen zu rennen.

„Komm, sieh dir den Spaß an“, lachten sie. „Jetzt ist es ja kein Geheimnis mehr!“

Und trotz ihrer atemlosen Beteuerungen, daß sie viel lieber langsam ginge, mußte Miss Henderson im Laufschritt in die Richtung eilen, aus der die Klänge kamen.

Plötzlich erschienen Köpfe in den Fenstern der Schlafsäle, Türen knallten, und aus allen Richtungen kamen Mädchen angerannt und riefen aufgeregt: „Die Studentinnen aus dem zweiten Jahr haben ihren Baum aufgestellt!“ – „Wo sind die Frischlinge?“ – „Warum waren sie nicht da?“

Schnell versammelte sich eine Menge im Schatten der Bäume und sah der Szene belustigt zu. Ein Kreis aus bunten Laternen schaukelten im Wind und mittendrin tanzte eine Gruppe weißgekleideter Gestalten zu feierlichem Gesang um einen winzigen Baum herum.

„Ist es nicht schön? Freust du dich nicht, daß wir dich mitgenommen haben?“ fragte Bonnie, als sie sich einen Weg durch die Menge bahnten.

Miss Henderson antwortete nicht, denn sie erblickte den Lateinprofessor, der auf sie zueilte.

„Miss Henderson! Ich fürchtete, Sie hätten sich verlaufen! Es ist fast halb neun! Die Zuhörerinnen warten schon!“

Die Alumnae schwieg einen Moment und amüsierte sich über die Gesichter ihrer Fängerinnen. Dann stellte sie sich der Situation wie eine echte Dame und Gelehrte und brachte eine ausgezeichnete Entschuldigung vor, ohne ihren Aufenthalt auf dem Zaun auch nur zu erwähnen.

Bonnie und Priscilla starrten sich wortlos an. Miss Henderson wurde zu den Resten ihres Publikums geführt. Da erschien plötzlich Patty.

„Guten Abend, Mr. Sherlock Holmes und Dr. Watson. Haben Sie Ihren Fall gelöst?“ fragte sie liebenswürdig.

Priscilla zerrte sie ins Licht und musterte ihr Gesicht.

Patty lächelte und machte große, unschuldige Augen.

Priscilla kannte diesen Blick nur zu gut. Sie packte und schüttelte sie. „Du kleiner Halunke!“ rief sie.

Patty wand sich aus ihrem Griff heraus. „Falls du dich erinnerst“, murmelte sie, „ich habe auch mal gesagt, das Lick-Observatorium sei in Dublin. Es war natürlich ein lustiger Fehler, aber ich kenne noch lustigere.“

„Was meinst du?“ fragte Bonnie.

„Ich meine“, sagte Patty, „ich wünsche, ihr würdet das Lick-Observatorium nie wieder erwähnen.“

15. Patty und der Bischof

Die Glocke läutete zum Sonntagsgottesdienst und Patty legte ihr Buch mit einem Seufzer beiseite, ging zum offenen Fenster und blieb dort stehen. Die Welt draußen leuchtete grün und gelb, die Baumkronen zeichneten sich vor dem Himmel ab, und die Brise duftete nach Veilchen und frischer Erde.

„Patty", rief Priscilla aus ihrem Zimmer, „du mußt dich beeilen, wenn ich dir dein Kleid zuknöpfen soll. Ich muß zur Chorprobe!"

Patty wandte sich um, seufzte wieder und fing langsam an, ihren Kragen aufzuhaken. Dann setzte sie sich auf die Sofakante und starrte geistesabwesend aus dem Fenster.

In Priscillas Zimmer wurden Kommodenschubladen knallend geschlossen, dann erschien Priscilla selbst im Türrahmen. Sie musterte ihre Stubenkameradin mißtrauisch. „Warum ziehst du dich nicht um?" fragte sie.

„Ich kann mir mein Kleid selber zuknöpfen, du brauchst nicht zu warten", sagte Patty, ohne den Blick vom Fenster abzuwenden.

„Bischof Copeley predigt heute, er ist so ein netter alter Herr, du darfst nicht zu spät kommen."

Patty hob das Kinn ein wenig und zuckte die Schultern.

„Gehst du nicht in die Kirche?"

Patty wandte den Blick vom Fenster ab und sah bittend zu Priscilla auf. „Es ist so ein schöner Tag“, sagte sie, „und ich würde die Zeit lieber draußen verbringen; ich bin sicher, daß es viel besser für mein Seelenheil wäre.“

„Es geht nicht um Seelenheil, sondern um Fehlzeiten. Du hast schon zwei Mal öfter gefehlt als erlaubt. Wie willst du das dem Komitee der akademischen Selbstverwaltung erklären?“

„‚Es ist genug, daß jeder Tag seine eigene Plage hat‘[20]“, lachte Patty. „Wenn es soweit ist, lasse ich mir eine wunderbare neue Ausrede einfallen, die das Komitee überzeugt.“

„Du solltest dich schämen, die Regeln so zu umgehen.“

„Wo bleibt die Freude am Leben, wenn man sich zum Sklaven kleinlicher Regeln macht?“ fragte Patty müde.

„Ich weiß nicht, warum du das Recht hast, die Regeln zu umgehen, die für alle anderen gelten.“

Patty zuckte die Achseln. „Ich nehme mir das Recht, und jeder andere kann das auch tun.“

„Das kann nicht jeder“, erwiderte Priscilla hitzig, „wenn das jeder machen würde, gäbe es im College gar keine Regeln mehr. Ich wäre auch lieber draußen als in der Kirche, aber ich habe all meine Fehlzeiten aufgebraucht und es geht nicht. Du könntest es auch nicht, wenn du noch einen Funken Ehrgefühl hättest. Der einzige Ausweg für dich ist Lügen.“

„Priscilla“, murmelte Patty, „wohlerzogene Menschen drücken sich nicht so direkt aus. Wer in besseren Kreisen akzeptiert werden will, muß die Kunst der Doppeldeutigkeit beherrschen.“

Priscilla runzelte ungeduldig die Stirn. „Kommst du oder kommst du nicht?“ fragte sie.

---

20 Matthäus 6, 34.

„Nein."

Priscilla machte die Tür nicht gerade leise zu, und Patty blieb allein zurück.

Sie saß ein paar Minuten nachdenklich mit geröteten Wangen da, und als die Glocke der Kapelle läutete, schüttelte sie sich und lachte. Selbst wenn sie hätte gehen wollen, war es jetzt zu spät, und jedes Schuldbewußtsein verschwand. Sobald das sittsame Rascheln der Sonntagskleider draußen auf dem Gang verstummt war, nahm sie sich ein Buch und ein Kissen, schlich die Seitentreppe hinunter und marschierte vergnügt über den sonnenbeschienen Rasen. Sie hatte das genüßliche Schuldgefühl eines kleinen Jungen, der die Schule schwänzt.

Aus den offenen Fenstern der Kapelle hörte sie ihre Kommilitoninnen singen: *„Lord, have mercy upon us, and incline our hearts to keep this law."* Sie lachte vergnügt in sich hinein; heute hielt sie sich an keine Gesetze. Die anderen sollten ruhig im Finstern hocken, wenn sie wollten, bei ihren Geboten und Litaneien. Sie feierte ihren eigenen Gottesdienst unter blauem Himmel und beim Gesang der Vögel.

Sie war allein draußen, der Frühling pulsierte in ihrem Blut, und sie fühlte sich, als gehöre ihr die Welt. Der Campus hatte noch nie so prächtig ausgesehen. Sie blieb auf der kleinen Brücke stehen, schaute in den brausenden Bach hinunter und verlor fast das Gleichgewicht bei dem Versuch, ein kleines Rindenboot in See stechen zu lassen. Sie ließ Kieselsteine in den Teich fallen und sah zu, wie die erschrockenen Frösche wieder ins Wasser hüpften, und sie warf ihr Kissen nach einem Eichhörnchen und lachte laut über sein zorniges Keckern. Sie rannte den Hang von Pine Bluff hinauf und ließ sich im Schatten einer großen Pinie auf den von Nadeln übersäten Boden sinken.

Unter ihr lagen die mit Efeu überwucherten Gebäude des Colleges. In der sonntäglichen Stille, mit dem Sonnenlicht auf den Türmen, sah es aus wie ein mittelalterliches Dorf, das in seinem Tal schlummerte. Patty starrte verträumt mit halb geschlossenen Augen in die Tiefe und stellte sich vor, daß gleich eine Gruppe von Troubadouren und vornehmen Damen auf weißen Maultieren angeritten kommen würde. Aber der Anblick von Peters, der in seinem Sonntagsanzug zur Pforte stiefelte, zerstörte die Illusion.

Patty wandte sich lächelnd ihrem Buch zu, schloß es aber gleich wieder. Jetzt war nicht die richtige Zeit zum Lesen. Lesen konnte man im Winter, bei Regen und in der Bibliothek, wenn auch alle anderen eifrig blätterten, aber hier draußen, mitten im wirklichen Leben, war es eine verpaßte Gelegenheit.

Ihr Blick schweifte zurück zum Campus, und sie fühlte sich plötzlich ernüchtert bei dem Gedanken, daß er bald nicht mehr der ihre sein würde. Dieses glückliche Zusammenleben ohne Verantwortung, das für sie zum Alltag geworden war, war bald zu Ende. Sie erinnerte sich an ihren ersten Tag, an dem alles außer ihr selbst so riesig ausgesehen hatte. Damals hatte sie verzweifelt gedacht: „Und das vier Jahre lang!“ Es war ihr vorgekommen wie eine Ewigkeit und nun, da es vorbei war, wirkte es wie eine Minute. Sie wollte die Gegenwart festhalten. Es war schrecklich – dieses Altwerden!

Und da waren die anderen Mädchen. Sie mußte Abschied von ihnen nehmen, und es würde keinen weiteren ersten Tag im Herbst geben. Priscilla lebte in Kalifornien, Georgie in South Dakota, Bonnie in Kentucky und sie selbst in Neu-England, und die drei waren die einzigen Menschen auf der Welt, mit denen sie gern sprach. Sie würde die Freundinnen ihrer Mutter kennenlernen müssen – chronisch Erwachsene, die über Ehemänner, Kinder und Dienstboten sprachen. Dann waren da noch die Männer. Sie hatte nie viele gekannt, aber eines Tages würde sie wahrscheinlich einen von ihnen heiraten, und dann wäre alles vorbei. Ehe sie sich versah, würde sie eine alte Dame sein, die ihren Enkelkindern Geschichten aus ihrer Mädchenzeit erzählte.

Patty starrte bekümmert auf den Campus hinunter und war den Tränen nahe beim Gedanken an ihre verlorene Jugend, als plötzlich Schritte auf dem Kiesweg ertönten. Sie sah verblüfft auf und erkannte die Gestalt eines Geistlichen, der den Hügel erklomm. Sie wollte gerade die Flucht ergreifen, aber der Bischof hatte sie schon gesehen – sie und einen kleinen rustikalen Sitzplatz unter einem Baum. Er lächelte erstere an und ließ sich mit einem zufriedenen Seufzer auf letzteren sinken.

„Eine herrliche Aussicht", schnaufte er, „aber ein sehr steiler Hügel."

„Er ist wirklich sehr steil", stimmte Patty höflich zu, und da es keine Möglichkeit zur Flucht gab, setzte sie sich wieder hin und fügte mit einem Lachen hinzu: „Ich bin vor Ihnen davongelaufen, Bischof Copeley, und nun folgen Sie mir wie ein schlechtes Gewissen."

Der Bischof lachte. „Ich bin selber weggelaufen", sagte er, „ich sollte nach dem Gottesdienst etwa hundert von Ihnen vorgestellt werden, also habe ich mich durch den Hinterausgang davongemacht."

Patty sah ihn bewundernd an und fühlte sich ihm auf einmal verbunden.

„Ich hätte auch gern den Gottesdienst geschwänzt", gestand er mit einem Zwinkern. „An einem solchen Tag ist die freie Natur die beste Kirche."

„Das denke ich auch", sagte Patty herzlich, „aber ich hatte keine Ahnung, daß Bischöfe so vernünftig sind."

Sie unterhielten sich freundschaftlich über verschiedene Themen, über das College und den Klerus.

„Es ist seltsam“, sagte Patty nachdenklich, „daß wir jeden Sonntag einen anderen Pfarrer haben, aber jedes Mal die gleiche Predigt.“

„Die gleiche Predigt?“ fragte der Bischof entgeistert.

„Praktisch ja“, sagte Patty. „Ich habe sie vier Jahre lang gehört und denke, ich könnte sie beinahe selber halten. Sie scheinen alle zu glauben, daß wir auf dem College Ausgeburten der Vernunft seien, und schärfen uns ein, Vernunft und Wissenschaft seien nicht das Einzige, was auf der Welt zähle – das Gefühl sei das Wichtigste, und sie zitieren ein kleines Gedicht über eine schöne Blume. Ich weiß nicht, warum. Ihre Predigt handelte nicht davon?“ fragte sie.

„Nicht dieses Mal“, sagte der Bischof, „ich habe eine alte Predigt gehalten.“

„So ist es am besten“, sagte Patty. „Wir sind Menschen, auch wenn wir das College besuchen. Ich erinnere mich, daß wir einmal einen Mann aus Yale oder Harvard oder so hatten, und er hielt eine alte Predigt. Er forderte uns auf, männlicher zu werden. Das war sehr erfrischend.“

Der Bischof lächelte. „Laufen Sie oft vor dem Kirchgang davon?“ fragte er milde.

„Nein, ich habe nicht oft die Chance bei Priscilla als Stubenkameradin. Aber bei obligatorischen Gottesdiensten will man die Flucht ergreifen“, fügte sie hinzu. „Ich bin nicht gegen den Gottesdienst, nur gegen die Pflicht.“

„Aber Sie haben eine bestimmte Anzahl von genehmigten – nun ja – Fehlzeiten“, sagte er.

„Drei im Monat“, sagte Patty traurig. „Der Abendgottesdienst zählt einfach, aber der Sonntagmorgen zählt zweifach.“

„Also haben Sie Ihren Kredit überzogen, um mir zu entkommen?“ fragte er lächelnd.

„Oh, es ging nicht um Sie“, beeilte sich Patty zu versichern. „Es war nur – die Verpflichtung. Und außerdem“, fügte sie freimütig hinzu, „hatte ich meine genehmigten Fehlzeiten sowieso überschritten und wenn ich damit einmal angefangen habe, kümmert mich nichts mehr.“

„Und darf ich fragen, was passiert, wenn Sie öfter fehlen als erlaubt?“ forschte der Bischof.

„Nun“, sagte Patty, „wir haben Leute, die die Anwesenheit kontrollieren und notieren, wenn man fehlt. Wenn sie merken, daß man zu oft fehlt, wird man vor das Komitee der akademischen Selbstverwaltung zitiert und sie fragen nach dem Grund. Wenn man keine gute Entschuldigung vorbringen kann, werden einem für einen Monat alle Vergünstigungen gestrichen. Dann darf man nicht mehr Mitglied in einem Komitee sein oder in einem Theaterstück mitspielen oder die Stadt verlassen.“

„Ich verstehe“, sagte der Bischof, „und werden Sie all diese Bußen erleiden müssen?“

„O nein“, sagte Patty gelassen, „ich werde eine gute Entschuldigung vorbringen.“

„Was werden Sie sagen?“ fragte er.

„Das weiß ich noch nicht genau, ich hoffe, daß mir im richtigen Moment etwas einfällt.“

Der Bischof sah sie forschend an. „Soll das heißen“, fragte er, „daß Sie erst die Regeln brechen und dann der Strafe entgehen wollen, indem Sie – ganz unumwunden gesagt – eine Lüge erzählen?“

„O nein, Herr Bischof“, sagte Patty und klang ehrlich entsetzt. „Natürlich werde ich die Wahrheit sagen, nur“, sie lächelte unwiderstehlich, „das Komitee wird sie nicht verstehen.“

Für einen Moment sah der Bischof amüsiert aus, dann wurde er wieder ernst. „Eine Ausrede?“ fragte er.

„J-ja“, gab Patty zu, „ich nehme an, daß man es so nennen *könnte*. Ich fürchte, ich bin wirklich unartig“, fügte sie hinzu, „aber an einem Ort wie diesem muß man sich einen Namen machen, sonst wird man übersehen. Ich kann mich in der Tugend oder im Sport oder dergleichen nicht mit anderen messen, also bleibt mir nur übrig, alle anderen in der Ungezogenheit zu übertreffen – ich habe wirklich Talent dafür."

Die Mundwinkel des Bischofs zuckten. „Sie sehen nicht aus wie jemand mit einem Vorstrafenregister."

„Ich bin ja noch jung", sagte Patty. „Man sieht es mir noch nicht an."

„Mein liebes kleines Mädchen", sagte der Bischof, „ich habe heute schon eine Predigt halten, die Sie nicht gehört haben, und ich kann nicht noch eine zu Ihrem Besten halten", Patty sah erleichtert aus, „aber eine Frage möchte ich Ihnen stellen. Wenn Sie mit dem College fertig sind und in späteren Jahren eine Kommilitonin gefragt wird: ‚Kanntest du –' Sie haben mir nicht gesagt, wie Sie heißen."

„Patty Wyatt."

„‚Kanntest du Patty Wyatt? Was für ein Mädchen war sie?' Was für eine Antwort wünschen Sie sich dann?"

Patty dachte nach. „Ja-a, ich glaube, alles in allem würden sie etwas Nettes über mich sagen."

„Heute morgen", fuhr der Bischof friedfertig fort, „fragte ich einen Professor ganz beiläufig nach einer jungen Frau – eine aus Ihrem Jahrgang –, die die Tochter eines alten Freundes von mir ist. Die Antwort kam ohne jedes Zögern, und Sie können sich vorstellen, wie erfreut ich darüber war. ‚Sie ist das beste Mädchen auf dem College', antwortete er. ‚Sie ist gewissenhaft bei der Arbeit und beim Sport und bei allem, was sie tut.'"

„Hm-m", sagte Patty, „das muß Priscilla gewesen sein."

„Nein", lächelte der Bischof, „es war nicht Priscilla. Die junge Frau, von der ich rede, ist die Vorsitzende Ihrer Studentenvereinigung, Catherine Fair."

„Ja, das stimmt“, sagte Patty kritisch, „so ist Cathy Fair.“

„Und würden Sie das College nicht auch gern mit so einem Ruf verlassen?“

„Ich bin nicht wirklich ungezogen“, beteuerte Paty, „aber ich kann nicht so wohlerzogen sein wie Cathy, das wäre gegen die Natur.“

„Ich fürchte“, sagte der Bischof, „daß Sie sich nicht genug Mühe geben. Solange Sie jung sind, kümmert es Sie vielleicht nicht, was die Leute von Ihnen denken, aber wie ist es, wenn Sie älter werden? Und es wird nicht lange dauern“, fügte er hinzu. „Das Alter kommt, ehe man sich versieht.“

Patty machte ein ernstes Gesicht.

„Sie werden bald dreißig sein und dann vierzig und dann fünfzig.“

Patty seufzte.

„Und meinen Sie, daß eine Frau in dem Alter liebenswert ist, wenn sie zu Ausreden und Ausflüchten greift?“

Patty wand sich ein wenig und bohrte mit dem Zeh ein kleines Loch in den Boden.

„Denken Sie daran, daß Sie Ihren Charakter nicht in einem Augenblick formen können, meine Liebe. Der Charakter ist eine Pflanze, die langsam wächst, und der Samen muß früh gelegt werden.“

Der Bischof erhob sich, und Patty rappelte sich auf und sah erleichtert aus. Er nahm das Kissen und das Buch unter den Arm, und sie gingen den Hügel hinunter.

„Nun habe ich Ihnen doch eine Predigt gehalten“, sagte er entschuldigend, „aber Predigen ist mein Beruf und Sie müssen einem alten Mann verzeihen, daß er langweilig ist.“

Patty gab ihm lächelnd die Hand, als sie vor der Tür der Phillips Hall standen. „Auf Wiedersehen, Bischof“, sagte sie, „und danke für die Predigt. Ich glaube, ich brauchte sie – ich *werde* alt."

Sie stieg langsam die Treppe hinauf. Lachende Stimmen hinter ihrer Zimmertür verkündeten, daß die Freundinnen versammelt waren. Sie ging weiter bis zu einer Tür am Ende des Ganges.

„Herein!" rief eine Stimme, als sie anklopfte.

Patty drehte den Türgriff und steckte den Kopf ins Zimmer. „Hallo, Cathy! Bist du beschäftigt?"

„Natürlich nicht. Komm herein, dann können wir reden."

Patty schloß die Tür und lehnte sich mit dem Rücken dagegen. „Das ist kein Freundschaftsbesuch", verkündete sie gewichtig. „Ich komme in einer offiziellen Angelegenheit?"

„In einer offiziellen Angelegenheit?"

„Du bist die Vorsitzende der Studentenvereinigung, nehme ich an?"

„Ich glaube schon", seufzte Cathy, „und wenn der Präsident der Vereinigten Staaten nur halb soviel Ärger mit seinen Bürgern hat wie ich mit meinen, gilt ihm mein aufrichtiges Mitgefühl."

„Ich fürchte, wir machen eine Menge Schwierigkeiten", sagte Patty zerknirscht.

„Schwierigkeiten! Meine Liebe", sagte Cathy gewichtig, „ich habe die ganze Woche damit verbracht, von einem Haus zum nächsten zu laufen und den Frischlingen, Gott segne sie, Predigten zu halten. Sie reichen *keine* Entschuldigungen ein, wenn sie nicht zur Kirche gehen, sie *lassen* Bücher aus der Bibliothek mitgehen und sind alles in allem eine unmoralische Bande."

„Sie können es sich erlauben, sie sind ja noch jung", seufzte Patty neidvoll. „Aber ich", fügte sie hinzu, „werde alt und es ist Zeit, daß ich auch brav werde. Ich bin gekommen, um dir zu beichten, daß ich vier Mal öfter gefehlt habe als erlaubt und keine Entschuldigung vorweisen kann."

„Wovon redest du?" fragte Cathy entgeistert.

„Der Gottesdienst. Ich habe vier Mal zu oft gefehlt – ich glaube, es waren vier Mal, auch wenn ich den Überblick verloren habe – und keine Entschuldigung."

„Aber Patty, sag das nicht. Du mußt einen Grund haben, um zu –"

„Nicht die Spur. Ich bin einfach weggeblieben, weil mir nicht danach war."

„Aber du mußt mir einen Grund nennen", klagte Cathy, „sonst muß ich es der Verwaltung melden und dir werden deine Vergünstigungen gestrichen. Das kannst du dir nicht leisten, denn du sollst doch den Abschlußball organisieren, du bist sogar die Vorsitzende des Komitees!"

„Aber ich habe keine Entschuldigung und kann mir keine ausdenken", sagte Patty. „Ich bin bald dreißig und dann vierzig und dann fünfzig. Meinst du, eine Frau in dem Alter ist liebenswert, wenn sie zu Ausreden und Ausflüchten greift? Der Charakter", fügte sie feierlich hinzu, „ist eine Pflanze, die langsam wächst, und die Samenkörner müssen früh gelegt werden."

Cathy sah verwirrt aus. „Ich weiß nicht, wovon du redest", sagte sie, „aber ich nehme an, du weißt es. Wie auch immer", fuhr sie fort, „es tut mir leid wegen des Vorsitzes, aber – irgendwie bin ich auch froh." Sie legte Patty die Hand auf die Schulter. „Natürlich mochte ich dich schon immer – das tun alle –, aber ich glaube, gewürdigt habe ich dich nie. Und ich bin froh, daß ich es jetzt tun kann, bevor wir das College verlassen."

Patty errötete ein wenig und wich verlegen zurück. „Verschiebe deine Glückwünsche lieber auf morgen", lachte sie, „vielleicht fällt mir heute Nacht noch eine gute Ausrede ein. Auf Wiedersehen."

Im Arbeitszimmer hieß man sie lautstark willkommen.

„Nun, Patty“, sagte Priscilla, „ich habe gehört, daß du mit dem Bischof gesprochen hast. Hast du ihm gesagt, daß du den Gottesdienst geschwänzt hast?“

„Ja, und er sagte, daß er auch gern geschwänzt hätte.“

„Sie ist unverbesserlich“, seufzte Georgie, „sie verdirbt sogar den Bischof!“

„Sei lieber vorsichtig, Patty Wyatt“, mahnte Bonnie Connaught. „Die Selbstverwaltung erwischt dich, wenn du dich nicht in Acht nimmst, und dann wirst du von der Organisation des Abschlußballs ausgeschlossen.“

Pattys Miene verdüsterte sich für einen Moment, aber sie gab sich gleich wieder unbekümmert. „Sie haben mich schon erwischt“, lachte sie, „und mich ausgeschlossen – oder jedenfalls werden sie es beim nächsten Treffen tun.“

„Patty!“ riefen entsetzte Stimmen im Chor. „Was soll das heißen?“

Patty zuckte die Schultern. „Genau das, was ich sage. Mir wurden meine Vergünstigungen gestrichen, weil ich den Gottesdienst geschwänzt habe.“

„Das ist eine Schande!“ sagte Georgie empört. „Die Selbstverwaltung geht zu weit, wenn sie einer Studentin im letzten Jahr die Vergünstigungen streicht, ohne sie auch nur anzuhören.“ Sie packte Patty am Arm und ging zur Tür. „Komm, erzähle es Cathy Fair. Sie bringt das schon in Ordnung.“

Patty blieb stehen und befreite ihr Handgelenk aus Georgies Umklammerung. „Laß mich in Ruhe“, sagte sie mürrisch. „Es ist nichts zu machen. Ich habe ihr selbst gesagt, daß ich keine Entschuldigung habe.“

„Du hast es ihr gesagt?“ Georgie starrte sie ungläubig an, und Bonnie Connaught lachte.

„Patty erinnert mich an den Einbrecher, der mit dem Silber aus dem Fenster kletterte und dann an der Tür klingelte, um es zurückzugeben.“

„Was ist los, Patty?“ fragte Priscilla besorgt. „Geht es dir nicht gut?“

Patty seufzte. „Ich werde alt“, sagte sie.

„Was wirst du?“

„Alt! Bald bin ich dreißig und dann vierzig und dann fünfzig – und wird mich dann noch jemand lieben, wenn ich zu Ausreden und Ausflüchten greife? Der Charakter, meine lieben Mädchen, ist eine Pflanze, die nur langsam wächst und die Samenkörner müssen früh gelegt werden.“

„Du bist hingegangen und hast freiwillig gebeichtet – ohne auch nur zu warten, daß man dich hinzitiert?“ beharrte Georgie, die unbedingt alles wissen wollte.

„Ich werde alt“, wiederholte Patty. „Es ist Zeit, daß ich auch gut werde. Wie gesagt, der Charakter ist eine Pflanze –“

Georgie sah die anderen an und schüttelte verwundert den Kopf.

Bonnie Connaught lachte und murmelte, an alle im Zimmer gewandt: „Wenn Patty jemals in den Himmel kommt, fürchte ich, daß der Engel in der Registratur bei der Führung seiner Bücher einige Probleme bekommen wird.“